Italienisch einfach.

Maxine Clark

Italienisch einfach.
Neue Klassiker aus Italiens Küchen.

Die Originalausgabe erschien 1999 in Großbritannien
unter dem Titel „Viva Italia"
bei Hamlyn/Octopus Publishing Group Limited
2–4 Heron Quays, Docklands, London E14 4JB

© 1999 Octopus Publishing Group Limited
All rights reserved

Deutschsprachige Ausgabe:
© 2000 Gräfe und Unzer Verlag GmbH, München / 5 4 3 2 1

Printed in China

Alle Rechte vorbehalten. Nachdruck, auch auszugsweise,
sowie Verbreitung durch Film, Funk und Fernsehen, durch
fotomechanische Wiedergabe, Tonträger und Daten-
verarbeitungssysteme jeglicher Art nur mit schriftlicher
Genehmigung des Verlages.

Übersetzung aus dem Englischen: Andreas Furtmayr und
Anke Wörheide
Projektleitung: Birgit Dollase
Gesamtherstellerische Betreuung: Verlagsservice Rau
Umschlaggestaltung: Grafikhaus München
Umschlagfoto: Hamlyn
ISBN: 3-7742-4854-0

ANMERKUNGEN
In allen Rezepten gelten folgende Mengenangaben:
1 Esslöffel (EL) = 15 ml
1 Teelöffel (TL) = 5 ml

Mit Pfeffer ist immer frisch gemahlener schwarzer Pfeffer
gemeint, außer es ist anders angegeben.

Verwenden Sie bevorzugt frische Kräuter außer es ist in dem
Rezept anders erwähnt. Falls Sie keine frischen Kräuter bekom-
men, verwenden Sie getrocknete Kräuter, allerdings nur die
Hälfte der angegebenen Menge.

Der Backofen wird am besten immer vorgeheizt. Die Temperatur-
angaben bei Gasherden variieren von Hersteller zu Hersteller.
Welche Stufe Ihres Herdes der jeweils angegebenen Temperatur
entspricht, entnehmen Sie bitte der Gebrauchsanweisung. Auch
bei Elektroherden können die Backzeiten je nach Herd var ieren.

Inhalt

Einleitung 6

Klassische frische italienische Zutaten 12

Suppen 14

Antipasti, Bruschetta und Crostini 34

Olivenöl 50

Risotto 62

Pasta und Saucen 82

Selbstgemachte Pasta 98

Gnocchi und Polenta 110

Fisch und Muscheln 126

Wein 136

Fleisch, Geflügel und Wild 164

Regionale Küche 180

Gemüse 190

Pizza und Brot 208

Klassische italienische Zutaten
 für den Vorratsschrank 224

Desserts, Kuchen und Kekse 234

Register 252

Einleitung

Denken Sie an die italienische Küche und sofort finden Sie sich in der warmen, wohlriechenden Luft des Südens wieder, in einem sizilianischen Orangenhain, oder in den mit Oliven und Wein bewachsenen Hügeln der Toscana. Der Gedanke an die kulinarischen Köstlichkeiten allein hebt schon die gute Laune, wenn auch nicht die Außentemperaturen in unseren Breiten. Sie werden sich an herrliche Urlaube erinnert fühlen, glückliche Momente genussvollen Essens und Trinkens werden wach. Die italienische Art zu Kochen ist sonnig, warmherzig und großzügig – genauso wie die Menschen. Die Zutaten sind frisch, voller Geschmack und von der Sonne verwöhnt.

In Italien selbst wächst alles, was für die heimische Küche benötigt wird und so kennt man kaum das Problem unreif geernteter Produkte, die in Kühlcontainern um die halbe Welt transportiert werden und den ursprünglichen Geschmack nur noch erahnen lassen. Die meisten Produkte in Italien, besonders auf den Märkten, sind aus der Region und natürlich von der Jahreszeit abhängig. Wenn für das eine Gemüse die Saison vorbei ist, wird es durch ein anderes ersetzt. So wird jedes Gericht zu einer Besonderheit, jede Saison hat ihre lang erwarteten Spezialitäten.

Es gibt die richtigen Jahreszeiten für Früchte, Gemüse, Kräuter, Nüsse, Käse, bestimmte Brotsorten, Pilze, Trauben und Wein, und natürlich Oliven. Diese Jahreszeiten werden in ganz Italien mit speziellen Festen gefeiert. Es gibt zum Beispiel ein Walnuss-Fest in der Toskana, ein Salami-Fest in einem kleinen Ort in Nord-

6 Einleitung

„Denken Sie an die italienische Küche und sofort finden Sie sich in der warmen, wohlriechenden Luft des Südens wieder, ..."

italien, genauso wie ein Gänse- oder Trüffelfest – und alle sind wichtig für die Bedeutung der Jahreszeiten und der frischen Produkte im Leben der Menschen.

Leider haben wir zu einem großen Teil diese unmittelbare Art zu leben verloren, aber der Besuch eines italienischen Marktes im Urlaub wird Ihnen die Augen öffnen und Anregung und Mahnung zugleich sein. Es macht wesentlich mehr Spaß, sich die besten saisonalen Produkte herauszusuchen, als die Gefriertruhe nach Sachen zur durchsuchen, die schon vor Monaten geerntet wurden.

Essen fängt in Italien mit dem Einkaufen an. Traditionelle italienische Köche kaufen nicht im Großmarkt die Fertigprodukte ein – sie gehen in die Markthallen und suchen, prüfen, vergleichen und wählen schließlich das beste aus dem Angebot aus: die leuchtendsten Paprika, den knackigsten Salat, den grünsten Spinat, die saftigsten Pfirsiche, das schönste Hühnchen, die kleinsten Tintenfische oder die süßesten Erbsen.

Die Italiener wissen um die große Bedeutung des Essens, jenseits der bloßen Sättigung. Sie genießen alles, was damit zu tun hat. Sie denken gerne daran, reden darüber, kochen und essen leidenschaftlich, und sind mit ganzem Herzen dabei. Essen ist eine Notwendigkeit – aber zugleich viel mehr als das. Es ist ein Vergnügen, an dem jeder teilhaben kann. Ein Fest für's Leben.

Die Rezepte in diesem Buch beinhalten die Grundlagen des Kochens der verschiedenen Regionen Italiens. Sie alle basieren auf Originalrezepten – viele davon existieren in Italien bereits seit Generationen. Genießen Sie die Anregungen, lassen Sie sich inspirieren und los geht's.

Frische Brühe

Man braucht nur ein paar Grundzutaten, um eine gute und noch dazu preiswerte Brühe selbst herzustellen. Die üblichen Brühwürfel oder Granulate sind zwar viel besser geworden, aber sie sind einfach nicht mit dem Original zu vergleichen. Warum also auf Brühwürfel zurückgreifen, wenn der echte Geschmack einer so einfach zu kochenden Brühe um Klassen besser ist?

Nachfolgend finden Sie Rezepte für Hühner-, Rinder, Gemüse- und Fischbrühe. Diese Grundrezepte sind notwendig, da die Brühen Basis für viele Gerichte in diesem Buch sind. Wenn Sie einen Fischfond kochen, sollten Sie sich die nötigen Gräten und Köpfe im nächsten Fischgeschäft besorgen.

Die fertigen Brühen lassen sich hervorragend einfrieren – am besten in Eiswürfelschalen oder -beuteln. Umgefüllt in genau beschriftete Gefrierbeutel lassen sich die selbstgekochten Suppenwürfel hervorragend aufbewahren.

Jeder Koch sollte sich darüber im klaren sein, dass es ein paar Grundregeln für einen guten Fond gibt. Wenn Sie diese beachten, wird Ihr fertiges Gericht umso besser schmecken.

Brühen sollten immer auf kleiner Flamme geköchelt werden, da sie sonst trüb werden. Während eine Rinderbrühe ruhig 4 Stunden kochen darf, sollten Sie eine Fischbrühe nicht länger als 20 Minuten kochen, da sie sonst schleimig werden kann. Salz wird immer erst am Schluß dazu gegeben, da die Flüssigkeit durch das Kochen reduziert wird und der Geschmack dadurch intensiver wird. Schaum an der Oberfläche sollte immer entfernt werden, denn er kann die Farbe und den Geschmack des Fonds negativ beeinflussen. Und zu guter Letzt lassen sich aus dem gekochten Rind- oder Hühnerfleisch weitere köstliche Gerichte herstellen.

Hühnerbrühe

Hühnerbrühe ist in Ihrem Gefrierschrank wohl die nützlichste von allen. Sie wird für sehr viele Rezepte benötigt, außer natürlich für die vegetarischen Gerichte.

1 Suppenhuhn
1 Zwiebel, grob gehackt
2 große Karotten, grob gehackt
1 Stange Sellerie, grob gehackt
1 Lorbeerblatt
einige Petersilienstengel
1 Thymianzweig
1,8 l Wasser

1 Halbieren Sie das Suppenhuhn und legen Sie es in einen großen Suppentopf. Gemüse und Gewürze dazu geben und mit kaltem Wasser bedecken.

2 Zum Kochen bringen und den aufsteigenden Schaum entfernen. Reduzieren sie die Hitze und lassen Sie die Brühe 2–2½ Stunden köcheln. Gießen Sie die Brühe durch ein feines Sieb oder Tuch ab und lassen Sie sie abkühlen.

Ergibt: **ca. 1 Liter**

Vorbereitungszeit: 5–10 Minuten

Kochzeit: ca. 2½ Stunden

Rinderbrühe

Rinderbrühe ist eine Bereicherung für viele Fleischgerichte.

750 g Suppenfleisch vom Rind
2 Zwiebeln, gehackt
2–3 Karotten, gehackt
2 Selleriestangen, gehackt
1 Bouquet garni (2 Petersilienstengel,
  2 Thymianzweige und 1 Lorbeerblatt)
4–6 Pfefferkörner
1,8 l Wasser

1 Legen Sie das Suppenfleisch zusammen mit dem Gemüse und den Gewürzen in einen großen Suppentopf.

2 Mit Wasser bedecken und langsam zum Kochen bringen. Dann die Hitze reduzieren und zugedeckt für 4 Stunden köcheln lassen. Den Schaum dabei ab und zu abschöpfen.

3 Gießen Sie die Brühe durch ein Sieb oder Tuch ab und lassen Sie sie vor dem Einfrieren abkühlen.

Ergibt: **ca. 1,5 Liter**

Vorbereitungszeit: 15 Minuten

Kochzeit: ca. 4½ Stunden

„...in einem sizilianischen Orangenhain, ..."

2 Mit Wasser bedecken. Zum Kochen bringen und 30 Minuten köcheln lassen. Durch ein Sieb gießen und vor dem Einfrieren abkühlen lassen.

Ergibt: 1 Liter

Vorbereitungszeit: 5–10 Minuten

Kochzeit: ca. 45 Minuten

Fischbrühe

Wenn Sie sich die Fischgräten und -köpfe besorgen, nehmen Sie keine von fetten Fischen. Auch ist es wichtig, dass die Brühe nicht kocht, da sie sonst trüb wird.

1,5 kg Fischgräten/-köpfe
1 Zwiebel, gehackt
1 kleine Lauchstange, nur den weißen Teil, grob gehackt
1 Selleriestange, gehackt
1 Lorbeerblatt
6 Petersilienstengel
10 Pfefferkörner
450 ml Weißwein
1,8 l Wasser

1 Geben Sie die Fischgräten/-köpfe zusammen mit dem Gemüse, Gewürzen und Weißwein in einen großen Topf.

2 Mit Wasser bedecken und langsam fast zum Kochen bringen. 20 Minuten ziehen lassen, ohne zu kochen und wenn nötig, den Schaum entfernen. Gießen Sie die Brühe durch ein Sieb ab und lassen Sie sie vor dem Einfrieren abkühlen.

Ergibt: 1,8 Liter

Vorbereitungszeit: 10 Minuten

Kochzeit: 30 Minuten

Gemüsebrühe

Dieses Rezept für eine Gemüsebrühe kann je nach Belieben variiert werden, es hängt davon ab, welche Gemüse Sie zu Verfügung haben und vor allem was Ihnen schmeckt. Tomaten zum Beispiel lassen die Brühe in der Farbe kräftiger werden. Verwenden Sie aber keine mehligen Knollengemüse wie Kartoffeln, Ihre Gemüsebrühe wird dadurch nur trüb.

500 g gemischtes Gemüse (zum Beispiel Karotten, Lauch, Sellerie, Zwiebeln und Pilze, zu gleichen Teilen), gehackt
1 Knoblauchzehe
6 Pfefferkörner
1 Bouquet garni bestehend aus: 2 Petersilienstengeln, 2 Thymianzweigen und 1 Lorbeerblatt
1,2 l Wasser

1 Geben Sie das gehackte Gemüse, Knoblauch, Bouquet garni und die Pfefferkörner ein einen großen Suppentopf.

Einleitung

Pizzateig

Pizzateig ist mit diesem Grundrezept einfach und schnell zubereitet und kann für leckere selbstgemachte Pizza oder für eine rustikale Focaccia verwendet werden.

25 g frische Hefe oder 2 EL getrocknete Hefe
1 Prise Zucker
250 ml warmes Wasser
375 g Weizenmehl Typ 00 und
125 g Roggenmehl
2 EL Olivenöl
1 TL Meersalz

1 Wenn Sie frische Hefe verwenden, rühren Sie einen Vorteig aus etwas warmem Wasser, Zucker und der zerbröckelten Hefe an. 10 Minuten aufgehen lassen. Bei getrockneter Hefe halten Sie sich bitte an die Zubereitungshinweise auf der Packung.

2 Sieben Sie das Mehl in eine große Schüssel und drücken Sie eine kleine Mulde in die Mitte. Geben Sie den Vorteig, Olivenöl und Salz hinein und verrühren Sie das Ganze vorsichtig zuerst mit einer Gabel, dann mit der Hand, bis sich alle Zutaten gut vermischt haben.

3 Legen Sie den Teig auf eine bemehlte Unterlage und kneten Sie ihn mit den Händen 10 Minuten gut durch, bis der Teig weich und elastisch ist – oder lassen Sie diese Arbeit Ihr Rührgerät mit Knethaken erledigen. Er sollte glatt und weich sein, aber natürlich nicht zu weich. In diesem Fall geben Sie noch etwas Mehl dazu.

4 Geben Sie den Teig in eine saubere, mit Olivenöl ausgepinselte Schüssel und lassen Sie ihn zugedeckt an einem warmen Ort eine Stunde lang bis zur doppelten Größe aufgehen.

Ergibt: **Zwei dünne knusprige Pizzaböden von 25–30 cm Durchmesser**

Vorbereitungszeit: 25 Minuten, plus Zeit zum Aufgehen

„... oder in den mit Oliven und Wein bewachsenen Hügeln der Toscana."

oder fein reiben können. Natürlich können Sie mit solch einer Reibe auch Karotten raspeln oder Schokolade und Zitronenschalen fein reiben.

Wenn Sie Nudeln selbst herstellen, brauchen Sie ein Nudelholz, um den Teig auszurollen. Ein Nudelholz ist in der Regel aus Holz oder Marmor, je schwerer, desto besser. Vergessen Sie nicht, das Nudelholz beim Ausrollen mit Mehl zu bestäuben, und nach Gebrauch wieder zu reinigen.

Einen Ravioloschneider brauchen Sie, um Ravioli exakt auszuschneiden. Er besteht aus einem Holzgriff und einem gezackten Metallrädchen oder er sieht aus wie eine Art Stempel, mit dem Sie individuelle Ravioli oder Bandnudeln ausschneiden bzw. ausstechen können. Ravioloschneider gibt es in vielen Größen und Formen, rund und eckig. Um Ravioli in großer Menge herzustellen, gibt es Bleche mit Vertiefungen, in die man zuerst den Teig legt; darauf die Fülle und mit einer zweiten Teigplatte abschließt.

Unbedingt nötig ist auch eine Knoblauchpresse, denn Knoblauch wird fast überall in der italienischen Küche verwendet. Ein Wiegemesser kann auch sehr nützlich sein, um zum Beispiel Kräuter auf einfache Weise fein zu hacken.

Wenn Sie vor haben, eine Pizza zu backen, brauchen Sie vielleicht einen Pizzastein. Dieser Stein besteht normalerweise aus Terracotta und wird zum Backen von Pizza und flachen Broten verwendet. Er speichert die Hitze und durch ihn wird der Pizzaboden während des Backens knusprig. Die traditionelle Pizza wird immer auf Stein gebacken; der Stein sollte aber auf Füßen stehen, damit Sie ihn leicht aus dem Ofen nehmen können.

Auch ein Pizzaschneider ist nützlich. Mit diesem vielseitigen Werkzeug schneiden Sie Pizza, Kuchen oder Nudelteig. Wenn Sie sich für einen Pizzaschneider entscheiden, vergewissern Sie sich, dass das Rädchen problemlos läuft.

Italienische Kochutensilien

Es gibt nicht viele spezielle Küchengeräte, die zum Zubereiten italienischer Gerichte erforderlich sind, aber es gibt einige, die das Kochen erleichtern. Kaufen Sie bevorzugt spülmaschinenfeste Geräte. Am wichtigsten beim Kochen ist eine Auswahl hochwertiger Messer und Töpfe. Nehmen Sie nur beste Qualität! Wenn Sie häufig Nudelgerichte zubereiten, ist vielleicht eine Spaghettizange das Wichtigste. Sie kostet nicht viel, ist aber enorm praktisch. Mit dieser Chromzange nehmen Sie die unhandlichen Spaghetti in der richtigen Menge zum Servieren aus dem Topf.

Unentbehrlich ist eine Käsereibe, die es in vielen Ausführungen gibt – als einfache flache Metallreibe oder auch standfest und viereckig, als Trommelreibe mit Kurbel oder elektrisch. Welche Sie bevorzugen, bleibt Ihnen überlassen. Die meisten haben verschiedene Reibflächen, mit denen Sie den Käse je nach Bedarf grob

Einleitung 11

Klassische frische italienische Zutaten

Tomaten

Auf italienisch heißt die Tomate „pomodoro", was wörtlich übersetzt „goldener Apfel" bedeutet. Obwohl die Tomate relativ neu in der italienischen Küche ist (seit der Entdeckung der Neuen Welt), wurde sie zur wohl wichtigsten Zutat der italienische Küche, besonders für die Gerichte aus Süditalien. Frische reife Tomaten sollten etwas weich, leuchtend rot und süß sein. Eiertomaten werden meistens für Tomatensaucen verwendet. Wenn frische Tomaten gerade nicht erhältlich sind, verwenden Sie ruhig geschälte aus der Dose oder Flasche.

Kräuter

Frische Kräuter sind wesentlich besser als getrocknete – häufig verwendete Küchenkräuter in Italien sind Petersilie, Salbei, Rosmarin, Minze, Thymian, Majoran und Oregano. Basilikum wird wohl von allen am häufigsten verwendet. Basilikum hat leuchtend grüne Blätter und einen kräftigen, aromatischen und würzigen Geschmack, der perfekt zu Tomaten paßt. Basilikum wird zum Würzen von Saucen, Suppen und Eintöpfen verwendet, es ist die Grundzutat für Pesto und taucht auch oft in Salaten auf. Geben Sie Basilikum immer erst nach dem Kochen dazu, damit der frische Geschmack erhalten bleibt. Mittlerweile bekommen Sie es in jedem Supermarkt, meistens in einem kleinen Blumentopf. Abgeschnittenes Basilikum hält sich nicht lange, also kaufen Sie es am besten immer frisch und bewahren Sie es in einer Plastiktüte im Gemüsefach Ihres Kühlschranks auf.

Rucola

Rucola hat einen sehr kräftigen, scharfen Geschmack und wird oft in Salaten verwendet. Er gehört zu Familie der Kohlarten. Er ist in vielen Supermärkten erhältlich und wird am besten in einer Plastiktüte im Gemüsefach des Kühlschranks aufbewahrt.

Spinat

Spinat ist ein beliebtes italienisches Gemüse. Die kleinen, jungen Blätter werden gerne roh im Salat gegessen. Der typische Geschmack des reifen Spinats paßt sehr gut zu Käse, Fleisch- und Fischgerichten. Er wird in der italienischen Küche auch zum Würzen und Färben von Nudeln und Gnocchi verwendet.

Radicchio

Als Mitglied der Chicorée-Familie hat der dunkelrote Radicchio einen leicht bitteren Geschmack. Er wird in gemischten Salaten verwendet, für die er farblich und auch geschmacklich ideal ist. Im einer Plastiktüte im Gemüsefach des Kühlschranks ist er bestens aufgehoben.

Knoblauch

Ob zu Saucen, Salaten, Pizze oder Eintöpfen – Knoblauch gehört zu fast jedem italienischen Rezept. Seien Sie beim Einkauf der Knoblauchknollen wählerisch, denn je größer die Zehen sind, desto süßer ist der Knoblauch. Kleine Knoblauchzehen sind häufig bitter und scharf. Je frischer und weicher der Knoblauch ist, um so unaufdringlicher ist sein Geschmack.

Brote

Es gibt viele typische italienische Brote, die man inzwischen auch bei uns in vielen Bäckereien findet. Probieren Sie Ciabatta, luftig gebacken und oft gewürzt mit Oliven oder getrockneten Tomaten. Oder auch Focaccia, ein flaches Hefebrot, das mit Olivenöl und getrockneten Tomaten, Kräutern oder Oliven serviert wird.

Panettone

Eine norditalienische Spezialität aus Hefeteig und kandierten Früchten. Pannetone gibt es bei besonderen Gelegenheiten, wie zum Beispiel Weihnachten oder Ostern.

Schinken

Es gibt in Italien verschiedene roh geräucherte Schinken. Die bekanntesten sind wohl Parma-

Schinken und San Daniele-Schinken, beide sind nicht billig und haben einen salzigen und doch leicht süßen Geschmack. Hauchdünn geschnitten werden sie als Vorspeise mit frischen Feigen oder Melonen serviert.

Mortadella

Mortadella ist eine große, leicht geräucherte Wurst; es gibt sie aus feinem Schweinefleisch oder verschiedenen Fleischsorten gemischt. Gewürzt ist sie mit Petersilie, Oliven und Pistazien. Dünn aufgeschnitten wird sie als Vorspeise, zu Salaten oder im Sandwich gegessen.

Salami

Es gibt unzählige Salamisorten in Italien. Sie wird oft dünn aufgeschnitten als Vorspeise serviert, schmeckt aber auch auf einem Sandwich hervorragend.

Parmesan

Der berühmteste Käse Italiens aus Parma sollte nie in Ihrem Kühlschrank fehlen. Parmigiano Reggiano ist der beste. Er ist teuer, aber ein Stück reicht lange und ist seinen Preis wert. Parmesan ist ein sehr harter Kuhmilchkäse, der lange gelagert wird – mindestens ein Jahr, manchmal bis zu drei Jahren. Kaufen Sie ein Stück davon und reiben ihn dann frisch nach Bedarf – einmal gerieben, verfliegt der typische Geschmack sehr schnell, wie sie am fertig geriebenen, abgepackten Käse aus dem Supermarkt schmecken können. Parmesan läßt sich auch über Salate oder Schinken grob hobeln. Er hält sich im Kühlschrank, eingewickelt in Alufolie, sehr gut und kann auch eingefroren werden.

Pecorino Romano

Ein harter Reibkäse wie der Parmesan und wird auch genau so verwendet. Reine Schafmilch gibt ihm einen typischen, salzigen Geschmack. Das italienische Wort Pecora heißt übersetzt Schaf.

Mozzarella

Mozzarella ist ein weißer Frischkäse, der ursprünglich aus Büffelmilch hergestellt wurde. Inzwischen ist er meistens aus Kuhmilch, was einen erheblichen geschmacklichen Unterschied bedeutet. Er wird in seiner Lake verkauft, dadurch bleibt er saftig und weich. Er fühlt sich elastisch an und hat einen säuerlich milden Geschmack. Er schmilzt wunderbar beim Erhitzen und ist der klassische Pizzabelag. Zusammen mit Tomaten und Basilikum gehört er zu den wichtigsten Zutaten der italienischen Küche. Grundsätzlich sollten Sie zum Kochen oder Backen den Mozzarella aus Kuhmilch verwenden, der intensivere – nicht ganz billige – aus Büffelmilch kommt am besten roh zu Geltung.

Suppen

Weiße-Bohnen-Suppe mit geröstetem Knoblauch und Chiliöl

Diese rustikale bäuerliche Suppe aus weißen Bohnen stammt aus der Toskana. Für einen Hauch Raffinesse sorgen in Chiliöl goldbraun gebratene Knoblauchscheiben, die kurz vor dem Servieren darüber gestreut werden. Diese Suppe wird gerne auch zusammen mit geröstetem Bauernbrot als Hauptgericht gegessen.

Für: **6 Personen**

Vorbereitungszeit: 35 Minuten

Garzeit: 1 Stunde 10 Minuten

Temperatur: 160°C/Gas Stufe 1–2

250 g getrocknete weiße Bohnen, über Nacht in kaltem Wasser oder Hühner- bzw. Gemüsebrühe (siehe S. 8 und 9) eingeweicht
1 Handvoll Salbeiblätter
4 Knoblauchzehen
150 ml Olivenöl
2 EL gehackter Salbei oder Rosmarin
1 Prise Chiliflocken, gerebelt
Salz und Pfeffer
grob gehackte Petersilie zum Garnieren

1 Die Bohnen abtropfen lassen und in einen feuerfesten Topf füllen. Mit kaltem Wasser oder Hühner- bzw. Gemüsebrühe aufgießen, bis die Bohnen etwa 5 cm hoch bedeckt sind. Die Salbeiblätter dazu geben, die Bohnen zum Kochen bringen und zugedeckt im vorgeheizten Ofen bei 160°C/Gas Stufe 1–2 etwa 1 Stunde weich garen. Wahrscheinlich brauchen sie gar nicht so lange, denn die Kochzeit hängt von ihrer Frische ab, probieren Sie die Bohnen schon einmal nach 40 Minuten.

2 In der Zwischenzeit hacken Sie 2 Knoblauchzehen fein und schneiden die restlichen 2 in feine Scheiben.

3 Die Hälfte der Bohnen mit den gekochten Salbeiblättern und der ganzen Kochflüssigkeit im Mixer pürieren. Dieses Püree geben Sie wieder zu den restlichen ganzen Bohnen in den Topf. Wenn die Suppe noch zu dick ist, verdünnen Sie sie mit etwas Wasser oder Brühe.

4 Erhitzen Sie die Hälfte des Olivenöls in einer Pfanne und braten Sie den gehackten Knoblauch darin vorsichtig goldbraun. Die gehackten Kräuter dazu geben und 30 Sekunden mitrösten. Das Kräuteröl in die Suppe einrühren, aufkochen und 10 Minuten leise köcheln lassen. Mit Salz und Pfeffer abschmecken und in eine vorgewärmte Suppenterrine oder Suppenteller füllen.

5 Im restlichen Olivenöl die Knoblauchscheiben nur goldbraun braten (denn verbrannter Knoblauch schmeckt bitter) und die Chiliflocken dazu geben. Knoblauch und Öl sofort über die Bohnensuppe gießen und mit gehackter Petersilie bestreut servieren.

Suppe aus geröstetem Paprika mit Pfeffercreme

Der süße Geschmack von gebratenem Paprika braucht den Kontrast von scharfem schwarzem Pfeffer. Schwarzer Pfeffer wird in der italienischen Küche, besonders im Norden, sehr häufig verwendet.

Für: **4 Personen**

Vorbereitungszeit: 20 Minuten

Garzeit: 1 Stunde

Temperatur: 240°C/Gas Stufe 5–6

6 große rote oder gelbe Paprika
4 Stangen Lauch, nur den weißen Teil,
   in dünne Scheiben geschnitten
3 EL Olivenöl
750 ml Hühner- oder Gemüsebrühe
   (siehe S. 8 und 9)
2 TL schwarze Pfefferkörner
75 ml Mascarpone
75 ml Milch
Salz und Pfeffer
geröstetes Bauernbrot zum Servieren

PRODUKTINFO • Mascarpone ist ein cremiger, fetthaltiger Frischkäse, der mit Creme Double zu vergleichen ist. Sie finden ihn in der Kühltheke fast aller Supermärkte.

1 Legen Sie die Paprikaschoten auf ein Backblech und rösten Sie sie im vorgeheizten Ofen bei 240°C/Gas Stufe 5–6 etwa 20 Minuten, bis sie beginnen, dunkel zu werden. Aus dem Backofen nehmen, in eine hitzebeständige Plastiktüte geben, fest verschließen und 10 Minuten auskühlen lassen.

2 Den Lauch in einer Schüssel mit kaltem Wasser 5 Minuten wässern.

3 Die Paprika aus der Tüte nehmen, die Haut abziehen und die Stiele herausdrehen, das Kernhaus wird so gleich mit entfernt. Halbieren Sie die Paprika, reinigen Sie sie von restlichen Kernen und schneiden Sie das Fruchtfleisch in grobe Stücke. Schwenken Sie den Lauch in der Schüssel um eventuell anhaftenden Sand abzuwaschen; dann abgießen und abbrausen.

4 Olivenöl in einem Suppentopf erhitzen und den Lauch darin bei niedriger Temperatur 10 Minuten weich dünsten. Paprika, Brühe und etwas Salz und Pfeffer dazugeben. Aufkochen, die Hitze reduzieren und 20 Minuten leise köcheln lassen.

5 Mahlen oder zerstoßen Sie die Pfefferkörner im Mörser möglichst fein. Mascarpone mit Milch und dem Pfeffer verrühren, mit Salz und – wenn nötig – Chili würzen.

6 Alle Zutaten im Mixer pürieren und durch ein Sieb zurück in den ausgespülten Suppentopf passieren. Wieder erhitzen, abschmecken und eventuell nachwürzen. Servieren Sie die Suppe in vorgewärmten Suppenschalen mit einem Klecks Pfeffercreme und Scheiben von geröstetem Bauernbrot.

Suppen

Kürbis-Knoblauch-Suppe

Kürbis und Knoblauch zusammen geröstet verstärkt den Geschmack des Kürbis.

Für: **6–8 Personen**

Vorbereitungszeit: 30 Minuten

Garzeit: 50 Minuten

Temperatur: 200°C/Gas Stufe 3–4

PRODUKTINFO • Viel intensiver als die hellorangen Riesenkürbisse schmecken Hokaido- oder Muskatkürbisse.

750 g Kürbis
6 Knoblauchzehen, ungeschält
4 EL Olivenöl
2 Zwiebeln, fein geschnitten
2 Selleriestangen, gehackt
50 g Langkornreis
1,5 l Hühner- bzw. Gemüsebrühe (siehe S. 8 und 9) oder Wasser
Salz und Pfeffer
4 EL gehackte Petersilie zum Garnieren
PARMESAN-CRISPS
125 g frisch geriebener Parmesan
nach Geschmack:
einige Fenchelsamen
Chilischote, fein gehackt

1 Entfernen Sie die Kerne aus dem Kürbis, schälen Sie ihn und schneiden Sie das Fruchtfleisch in Würfel. Verteilen Sie den Kürbis und die Knoblauchzehen auf einem Backblech und beträufeln Sie alles mit 2 EL Olivenöl. Im vorgeheizten Ofen bei 200°C/Gas Stufe 3–4 etwa 30 Minuten backen bis die Kürbisstücke weich sind und beginnen braun zu werden.

2 Das restliche Olivenöl in einem großen Topf erhitzen und Zwiebeln und Sellerie darin bei niedriger Temperatur 10 Minuten weich dünsten. Den Reis einrühren, Brühe dazu gießen und zum Kochen bringen. Zugedeckt 15–20 Minuten köcheln lassen, bis der Reis gar ist.

3 Kürbis und Knoblauch aus dem Ofen nehmen und abkühlen lassen. Die Knoblauchzehen aus der Schale drücken und mit dem Kürbis in den Topf geben und weitere 10 Minuten garen.

4 Für die Parmesan-Crisps legen Sie in der Zwischenzeit ein Backblech mit Backpapier aus. Den geriebenen Parmesan löffelweise in kleinen Häufchen auf dem Blech verteilen, mit der Rückseite des Löffels flach drücken und, je nach Geschmack, mit Fenchelsamen oder Chili bestreuen.

5 Backen Sie die Crisps im vorgeheizten Ofen bei 200°C/Gas Stufe 3–4 etwa 3–6 Minuten goldbraun. Herausnehmen, abkühlen lassen und vorsichtig vom Backblech nehmen. Sie können die Crisps auch warm über einen Holzstiel rollen, beiseite stellen und ganz auskühlen lassen.

6 Die Suppe pürieren und wieder in den Topf geben. Abschmecken und mit Salz und viel frisch gemahlenem schwarzem Pfeffer würzen. Sollte die Suppe zu dick sein, mit Wasser oder Brühe verdünnen.

7 Die Suppe erhitzen und mit der gehackten Petersilie und den Parmesan-Crisps bestreut servieren. Die Crisps können auch separat dazu angeboten werden.

Suppen

Maronensuppe

Die Kastanien für diese Suppe vorzubereiten ist etwas aufwendig, aber Sie werden mit einem wunderbaren Geschmack belohnt.

Für: **6 Personen**

Vorbereitungszeit: 20 Minuten

Garzeit: 1 Stunde

750 g frische Maronen oder
400 g getrocknete, über Nacht in kaltem Wasser eingeweicht
125 g Butter
150 g Pancetta oder durchwachsener Speck, gewürfelt
2 Zwiebeln, fein gehackt
1 Karotte, gehackt
1 Selleriestange, gehackt
1 EL gehackter Rosmarin
2 Lorbeerblätter
2 Knoblauchzehen, halbiert
Salz und Pfeffer
Rosmarinzweige zum Garnieren

1 Wenn Sie frische Maronen verwenden, müssen Sie sie vor dem Kochen schälen, dazu schneiden Sie die Schalen auf der runden Seite kreuzweise ein. Die Maronen in einem Topf mit kaltem Wasser aufkochen und 15–20 Minuten köcheln lassen. Die Maronen abgießen, abschrecken und schälen. Dabei zuerst die äußere harte Schale entfernen und dann die leicht bittere innere Haut abziehen.

2 Die Butter in einem großen Topf zergehen lassen und darin Pancetta oder Speck bei niedriger Temperatur goldbraun braten. Die gehackten Zwiebeln, Karotten und Sellerie dazu geben und 5–10 Minuten weich dünsten.

3 Geben Sie Maronen zusammen mit Rosmarin, Lorbeerblättern, Knoblauch dazu und gießen Sie mit Wasser auf, bis alle Zutaten damit bedeckt sind. Aufkochen, halb abdecken, die Hitze reduzieren und 20 Minuten leise köcheln lassen. Dabei ab und zu umrühren. Wenn die Maronen zerfallen und die Suppe dicker wird, schmecken Sie ab und würzen Sie kräftig mit Salz und Pfeffer. Serviert wird die Suppe in vorgewärmten Suppenschalen, mit Rosmarinzweiglein dekoriert.

Fenchel-Zitronen-Suppe mit Oliven-Gremolata

Fenchel, Zitrone und schwarze Oliven sind eine perfekte Geschmackskombination. Sommerlich wird diese Suppe durch große Gemüsezwiebeln – sie sind mild wie Lauchzwiebeln, die meistens im Bund angeboten werden. Bei den Oliven sollten Sie die schrumpeligen, großen mit ihrem vollreifen fruchtigen Aroma kaufen, von der Zitronenschale wird nur das Gelbe, nicht die weiße Unterhaut, verwendet.

Für: **4 Personen**

Vorbereitungszeit: 20 Minuten

Garzeit: 40 Minuten

250 g Fenchel, geputzt und in fein geschnitten, das Fenchelgrün wird fein gehackt für die Gremolata verwendet

3 Gemüsezwiebeln, gehackt

75 ml Olivenöl

1 Kartoffel, gewürfelt

fein geriebene Schale und Saft von 1 unbehandelten Zitrone

750 ml Hühner- oder Gemüsebrühe

Salz und Pfeffer

OLIVEN-GREMOLATA

1 kleine Knoblauchzehe, fein gehackt

fein geriebene Schale von 1 Zitrone

4 EL gehackte Petersilie

16 schwarze griechische Oliven, entkernt und gehackt

1 Erhitzen Sie das Olivenöl in einem Suppentopf und dünsten Sie darin die Zwiebeln 5–10 Minuten weich. Fenchel, Kartoffel und Zitronenschale dazu geben und 5 Minuten weiter dünsten, bis auch der Fenchel weich wird. Mit Brühe aufgießen und zum Kochen bringen. Die Hitze reduzieren und zugedeckt etwa 25 Minuten köcheln lassen, bis alle Zutaten gar sind.

2 Für die Gremolata vermischen Sie Knoblauch, Zitronenschale, Fenchelgrün und Petersilie mit den gehackten Oliven. Zugedeckt durchziehen lassen.

3 Die Suppe pürieren und durch ein Sieb zurück in den ausgespülten Topf geben. Die feine cremige Suppe abschmecken und mit Salz, Pfeffer und viel Zitronensaft würzen. Sollte sie noch zu dick sein, mit etwas Brühe verdünnen. Servieren Sie die Suppe in vorgewärmten Suppenschalen mit einem Löffel Gremolata darauf, die vor dem Essen eingerührt wird.

VARIATION • Verwenden Sie anstatt der Gemüsezwiebeln eine entprechende Menge Lauchwiebeln

Toskanische Bohnen-Gemüse-Suppe

Das ist die perfekte Suppe für viele Personen, sie macht satt und schmeckt hervorragend. Im italienischen heißt sie ribollita, wieder gekocht, da die Hauptzutaten – Bohnen und Gemüse – bereits am Vortag gekocht und dann wieder aufgewärmt werden. Sie wird über geröstetes Bauernbrot gegeben, mit Olivenöl beträufelt und mit viel geriebenen Parmesan serviert.

Für: **8 Personen**

Vorbereitungszeit: 30 Minuten

Garzeit: etwa 3 Stunden

150 ml Olivenöl
1 Zwiebel, fein gehackt
1 Karotte, gehackt
1 Selleriestange, gehackt
2 Stangen Lauch, fein geschnitten
4 Knoblauchzehen, fein gehackt
1 kleiner Kopf Weißkohl, geraspelt
1 große Kartoffel, gewürfelt
4 Zucchini, gewürfelt
200 g getrocknete Cannellini-Bohnen, über
    Nacht in kaltem Wasser eingeweicht,
    abgegossen und abgespült
400 g Passata (pürierte Tomaten)
2 Rosmarinzweige
2 Thymianzweige
2 Salbeizweige
1 getrocknete Chilischote
etwa 2 l Wasser
500 g Wirsing, fein geschnitten
6 dicke Scheiben knuspriges toskanisches
    Weißbrot
1 Knoblauchzehe, zerdrückt
Salz und schwarzer Pfeffer
ZUM SERVIEREN
Olivenöl
frisch geriebener Parmesan

1 Erhitzen Sie die Hälfte des Olivenöls in einem großen Topf. Die Zwiebel, Karotte und Sellerie darin unter Rühren 10 Minuten dünsten. Als nächstes kommt Lauch und Knoblauch dazu und wird weitere 10 Minuten gedünstet. Schließlich den Weißkohl, Kartoffel und Zucchini dazu geben, gut umrühren und noch einmal 10 Minuten garen.

2 Nun die eingeweichten Bohnen, Passata, Rosmarin, Thymian und Salbei, Chili, Salz und viel schwarzen Pfeffer darunter mischen. Mit Wasser aufgießen (alles sollte gut bedeckt sein) und zum Kochen bringen. Dann die Hitze reduzieren und zugedeckt mindestens 2 Stunden köcheln, bis die Bohnen ganz weich sind.

3 2–3 Schöpfkellen von der Suppe werden zu Brei zerdrückt oder püriert und wieder in den Topf gegeben. Rühren Sie den Wirsing darunter und 15 Minuten weiterkochen. Lassen Sie die Suppe abkühlen und stellen Sie sie über Nacht in den Kühlschrank.

4 Am nächsten Tag wird die Suppe langsam erwärmt und das restliche Olivenöl eingerührt. Rösten Sie das Brot und reiben Sie die Scheiben mit dem zerdrückten Knoblauch ein. Verteilen Sie die Brotscheiben auf dem Boden einer Terrine oder in einzelne Suppenteller und gießen Sie Suppe darüber. Mit Olivenöl beträufeln und viel geriebenem Parmesan bestreuen.

Sizilianische Fischsuppe

In den Küstenregionen Siziliens finden Sie freitags oder an Markttagen kleine Lieferwagen, die an jeder Straßenecke frischen Fisch verkaufen. Berge von verschiedenen kleinen Fischen, die extra für Fischsuppen reserviert werden, liegen neben Tintenfischen, Schalentieren und großen Garnelen. In einer leckeren Brühe, gewürzt mit Safran und Fenchelsamen, werden Fische, Garnelen, Schalentiere und Tintenfische pochiert. Zuerst wird der Fisch in den Teller gehäuft und dann mit der Brühe übergossen.

Für: **6–8 Personen**

Vorbereitungszeit: 30 Minuten

Garzeit: 45 Minuten

1 kg frische Miesmuscheln und Venusmuscheln, die Bärte entfernt, gewaschen und geputzt
500 g kleine Tintenfische, gewaschen, die Fangarme entfernt, in Scheiben geschnitten
500 g rohe mittlere oder große Garnelen, geschält
1,75 kg gemischten Fisch, geputzt
BRÜHE
150 ml Olivenöl
4 Stangen Lauch, in Scheiben geschnitten
4 Knoblauchzehen, fein gehackt
300 ml trockener Weißwein
eine große Prise Safranfäden
750 g reife Eiertomaten
2 EL Püree aus getrockneten Tomaten oder
6 getrocknete Tomaten in Öl, abgetropft und grob gehackt
1 TL Fenchelsamen
1 TL getrockneter Oregano
600 ml Wasser
Salz und Pfeffer
gehackte Petersilie zum Garnieren

1 Kochen Sie zuerst die Brühe. Erhitzen Sie das Olivenöl in einem großen, hohen Topf und dünsten darin den Lauch und den Knoblauch etwa 5 Minuten weich. Mit Weißwein ablöschen und auf die Hälfte reduzieren, Safran, Tomaten, Fenchelsamen und Oregano dazu geben. Mit Wasser aufgießen und zum Kochen bringen. Reduzieren Sie die Hitze und lassen Sie die Brühe 20 Minuten köcheln.

2 Füllen Sie Wasser in eine große Schüssel und schütten Sie die Muscheln hinein.

3 Die Meeresfrüchte werden folgendermaßen gekocht: Lassen Sie den Tintenfisch in der Brühe 3–4 Minuten ziehen. Mit einem Schaumlöffel herausnehmen und zugedeckt warm stellen. Dann die Garnelen gar ziehen lassen (bis sie weiß sind). Herausnehmen und mit dem Tintenfisch warm halten. Gießen Sie die Muscheln ab (geöffnete Muscheln vorher entfernen) und schütten Sie sie in die Brühe. Zugedeckt einige Minuten kochen, bis sie sich öffnen. Ebenfalls herausnehmen, dabei die geschlossenen Muscheln aussortieren und wegwerfen, und warm stellen. Pochieren Sie zum Schluß kurz den restlichen Fisch und nehmen Sie ihn heraus.

4 Richten Sie den Fisch in einer großen Schüssel an, legen Sie Muscheln, Tintenfisch und Garnelen darauf. Die Brühe abschmecken und nachwürzen. Etwas davon über den Fisch gießen und den Rest getrennt servieren. Mit gehackter Petersilie bestreuen.

PRODUKTINFO • Suchen Sie sich mindestens vier verschiedene Arten von Meeresfrüchten und Fisch für diese Suppe aus und vermeiden Sie zu fetten Fisch, wie Lachs, Thunfisch, Heringe oder Sardinen – je größer die Vielfalt, desto geschmackvoller wird die Suppe. Wählen Sie einfach die Meeresfische aus, die besonders frisch sind oder lassen Sie sich von Ihrem Fischhändler beraten.

Muschel-Zucchini-Suppe

Diese leichte frische Suppe mit Zucchini und Venusmuscheln wird aquacotta genannt, was eigentlich gekochtes Wasser bedeutet. Die Suppe ist einfach zuzubereiten und wird mit geröstetem Brot noch gehaltvoller.

Für: **4 Personen**

Vorbereitungszeit: 15 Minuten

Garzeit: 25 Minuten

750 g kleine Venusmuscheln oder
   Herzmuscheln, geputzt
3 EL Olivenöl
2 große Knoblauchzehen, 1 fein gehackt und
   1 zerdrückt
750 g Zucchini, in dicke Scheiben geschnitten
fein geriebene Schale und Saft von
   1 unbehandelten Zitrone
1 EL gehackter Majoran
etwa 1 l Gemüsebrühe (siehe S. 9) oder Wasser
4 dicke Scheiben Bauernbrot, geröstet
Salz und Pfeffer
etwas Olivenöl zum Servieren

1 Bringen Sie wenig Wasser in einem Topf zum Kochen und garen Sie darin die Muscheln. Sie sind fertig, wenn sie sich geöffnet haben, dabei ab und zu umrühren – geschlossene Muscheln wegwerfen. Heben Sie das Kochwasser auf und entfernen Sie von der Hälfte der Muscheln die Schalen, der Rest bleibt in der Schale.

2 Erhitzen Sie das Olivenöl in einem Topf und braten Sie darin den gehackten Knoblauch goldbraun, aber nicht zu dunkel. Zucchini, Zitronenschale und Majoran dazu geben und durchrühren. Mit Brühe aufgießen, leicht salzen und pfeffern und bis an den Siedepunkt erhitzen. Zugedeckt etwa 20 Minuten köcheln lassen, bis die Zucchini gar sind.

3 Die Suppe in einem Mixer grob pürieren und wieder in den Topf schütten. Geben Sie den Muschelsud und die geschälten Venusmuscheln dazu. Sollte die Suppe zu dick sein, mit Wasser oder Brühe verdünnen. Abschmecken und mit Salz, Pfeffer und Zitronensaft würzen. Rühren Sie die Muscheln in den Schalen darunter.

4 Vor dem Servieren reiben Sie das geröstete Brot mit dem zerdrückten Knoblauch ein, legen dann eine Scheibe in jeden Suppenteller und gießen die Suppe darüber. Mit etwas Olivenöl beträufeln und sofort servieren.

Suppen

Geeiste Tomaten-Paprika-Suppe mit Salsa Verde

Diese Suppe lebt von den vollreifen, sonnenverwöhnten Tomaten und zaubert einen Hauch Süditalien auf Ihren Teller. Mit Salsa Verde bekommt die Suppe einen raffinierten, süß-sauren Geschmack, wie er im Süden und in Sizilien beliebt ist. Diese Salsa läßt sich im Kühlschrank 1 Woche aubewahren.

Für: **6 Personen**

Zubereitungszeit: 20 Minuten, plus Ruhezeit

---

1 kg frische, reife Strauchtomaten oder gehackte Tomaten aus der Dose

2 große rote Paprika, halbiert und entkernt

2 Knoblauchzehen, gehackt

1 kleine rote Chilischote, entkernt und fein gehackt

600 ml Passata (pürierte Tomaten) oder guter Tomatensaft

6 EL Olivenöl

2 EL Balsamicoessig

Salz und Pfeffer

600 ml gestoßenes Eis

SALSA VERDE

2 Knoblauchzehen, fein gehackt

4 Sardellenfilets in Öl, abgetropft, abgespült und gehackt

je 3 EL gehackte Petersilie, Minze und Basilikum

2 EL gesalzene Kapern, abgespült und gehackt

150 ml Olivenöl, plus etwas zum Abdecken

2 EL Zitronensaft

---

1 Entfernen Sie mit einem scharfen Messer den Stielansatz der Tomaten. Schneiden Sie die Haut kreuzweise ein. Die Tomaten 5–10 Sekunden in kochendem Wasser blanchieren, herausnehmen und abschrecken. Die Tomaten häuten, halbieren, die Kerne entfernen und in den Mixer geben.

2 Die Paprikaschoten grob hacken und zusammen mit den Tomaten, Knoblauch und Chili in den Mixer geben. Grob pürieren und in einer Schüssel mit der Passata oder dem Tomatensaft vermischen. Mit Olivenöl und Balsamicoessig abschmecken. Salzen und pfeffern und über Nacht durchziehen lassen.

3 In der Zwischenzeit bereiten Sie die Salsa Verde. Zerstoßen Sie in einem Mörser den Knoblauch mit 1 TL Salz. Den zerdrückten Knoblauch in eine Schüssel geben, mit Sardellenfilets, Kräutern, Kapern, Olivenöl und Zitronensaft verrühren und mit Salz und Pfeffer würzen. Füllen Sie die Salsa Verde in ein Glas und gießen Sie etwas Olivenöl darauf, um sie luftdicht zu verschließen.

4 Zum Servieren rühren Sie das Eis unter die Suppe und bieten die Salsa Verde in einer separaten Schüssel an. Jeder kann die geeiste Tomatensuppe dann nach Geschmack würzen.

Antipasti, Bruschetta und Crostini

Frittierte Salbeiblätter

Diese Salbeiblätter scheinen auf den ersten Blick nichts besonderes zu sein, sind aber der ideale Begleiter zu einem Aperitif. Man kann Sie einzeln in den Teig tauchen und frittieren oder zwei Blätter vorher mit einer Paste aus Kapern und Sardellen bestreichen und aufeinander legen.

Für: **6–8 Personen**

Vorbereitungszeit: 10 Minuten

Garzeit: 30 Sekunden

24 große Salbeiblätter
1 TL gesalzene Kapern, abgespült
1 EL Sardellenpaste
Öl zum Frittieren
TEIG
1 Ei
150 ml Wasser, eisgekühlt
125 g Weizenmehl

1 Die Salbeiblätter waschen und trocken tupfen. Zerdrücken Sie die Kapern zusammen mit der Sardellenpaste zu einer Creme und bestreichen Sie damit die dunkelgrüne Seite von 12 der Salbeiblätter. Drücken Sie ein zweites Blatt darauf, um 12 kleine „Sandwiches" zu erhalten.

2 Für den Teig verschlagen Sie das Ei und eisgekühltes Wasser. Mehl dazu geben und gut verrühren, der Teig darf noch etwas klumpig sein. Nicht ruhen lassen.

3 Erhitzen Sie Öl in einer tiefen Pfanne oder einem Wok, so dass ein Stück altbackenes Brot darin in ein paar Sekunden goldbraun wird. Die Salbeiblätter am Stiel nehmen, in den Teig tauchen und etwas abschütteln. Lassen Sie mehrere auf einmal in das heiße Öl fallen und braten Sie sie knusprig und leicht golden. Das dauert nur einige Sekunden. Mit einem Schaumlöffel die fertigen Salbeiblätter herausfischen, auf Küchenpapier abtropfen lassen und sofort servieren.

Gegrillte Balsamico-Feigen mit Schinken

Das ist eine einfache und schnelle Vorspeise für einen Grillabend. Der Balsamicoessig karamelisiert auf den Feigen und gibt ihnen ein süß-saures Aroma.

Für: **4 Personen**

Vorbereitungszeit: 10 Minuten

Garzeit: 5 Minuten

8 frische reife Feigen
2 EL Balsamicoessig
2 EL Olivenöl, plus etwas zum Servieren
12 Scheiben Prosciutto
ZUM SERVIEREN
Parmesan, grob geraspelt
frisch gemahlener schwarzer Pfeffer

1 Stellen Sie die Feigen, eine nach der anderen, aufrecht hin. Mit einem scharfen Messer werden Sie kreuzweise eingeschnitten – nicht ganz vierteln, sie müssen am Boden noch zusammen hängen. Die Feigenviertel vorsichtig auseinander ziehen und mit Essig und Olivenöl einpinseln.

2 Legen Sie die Feigen mit der Innenseite nach unten für 3–4 Minuten auf den Grill bis sie heiß sind und ihre Spitzen langsam schwarz werden. Sie können die Feigen auch mit der eingeschnittenen Spitze nach oben unter einen vorgeheizten Grill legen und so braun und weich werden lassen.

3 Während die Feigen garen, braten Sie nach und nach die Schinkenscheiben auf dem Grill oder in der Pfanne richtig knusprig – fertige Scheiben bis zum Servieren warm stellen.

4 Verteilen Sie auf jeden der 4 vorgewärmten Teller 3 Scheiben Schinken und 2 Feigen. Mit Parmesan bestreuen und Olivenöl beträufeln. Kräftig mit frisch gemahlenem Pfeffer würzen und servieren.

Eingelegte Paprika mit Artischocken und Sardellen

Dieses pikante Gericht eignet sich hervorragend als Vorspeise.

Für: 6 Personen

Vorbereitungszeit: 25 Minuten, plus Marinieren

Garzeit: 15 Minuten

6 rote, orange oder gelbe Paprika
12 Artischockenherzen in Öl, abgetropft
24 Sardellenfilets in Öl, abgetropft
4 Knoblauchzehen, in Scheiben geschnitten
2 EL gehackter Oregano
etwas Olivenöl zum Beträufeln
2 hart gekochte Eier, fein gehackt
Salz und Pfeffer

1 Legen Sie alle Paprikaschoten auf ein Backblech und grillen Sie sie im Ofen (siehe S. 18) unter gelegentlichem Wenden. Grillen Sie nur ganze Paprikaschoten, denn andernfalls verlieren sie ihren ganzen Saft.

2 Die Paprika in einer verschlossenen Plastiktüte 10 Minuten auskühlen lassen. Dann die Haut abziehen, Paprika längs halbieren und Stiele samt Kernhaus herausschneiden. Legen Sie die Paprika mit der Innenseite nach oben in eine flache Schale oder Auflaufform.

3 Die Artischocken halbieren und auf alle Paprikahälften verteilen. Legen Sie noch je 2 Sardellenfilets über jede Artischocke und würzen Sie gut mit Salz und Pfeffer. Zum Schluß Knoblauch und Oregano darüber streuen.

4 Träufeln Sie Olivenöl über die Paprika und lassen Sie sie zugedeckt über Nacht im Kühlschrank durchziehen. Zimmerwarm mit den gehackten Eiern bestreut servieren.

VARIATION • Auch wenn sie nicht so gut aussehen, haben gesalzene Sardellen einen intensiveren Geschmack als die aus dem Glas. Sie werden normalerweise im Ganzen verkauft – natürlich aufgeschnitten und ausgenommen. Vor dem Verarbeiten muß man sie gut abspülen und die Rückengräte herausziehen.

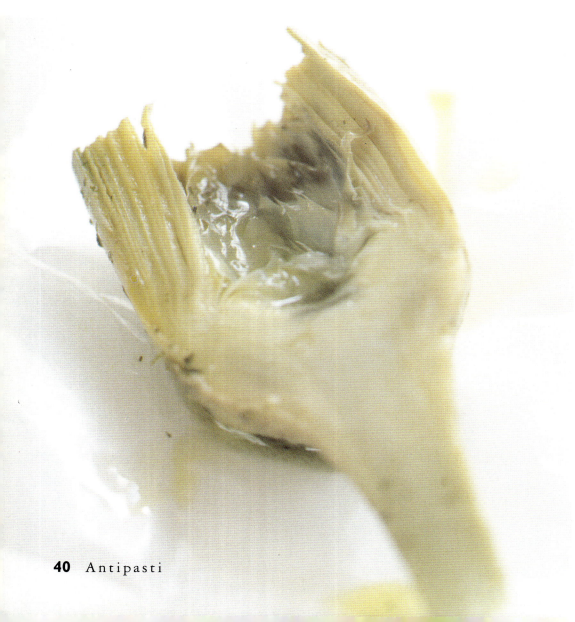

Gebackener Ricotta mit Lorbeerblättern

Diese leckeren kleinen Käsekuchen sind durchzogen vom würzigen Aroma frischer Lorbeerblätter – ein beliebtes Gewürz in Sizilien. Verwenden Sie junge, weiche Lorbeerblätter, die sich der Backform leicht anpassen – der Duft aus dem Ofen wird Sie begeistern. Die Ricottakuchen werden lauwarm serviert und nur mit etwas Olivenöl beträufelt und mit frisch gemahlenem Pfeffer gewürzt.

Für: **6 Personen**

Vorbereitungszeit: 20 Minuten, plus Ruhezeit

Garzeit: 20 Minuten

Temperatur: 190°C/Gas Stufe 3

4 getrocknete Tomaten
500 g Ricotta, abgetropft
3 große Eier
12 angetrocknete schwarze Oliven, entkernt und gehackt
2 EL gesalzene Kapern, abgespült und gehackt, plus einige zum Garnieren
etwas Butter
18 frische junge Lorbeerblätter
Salz und Pfeffer
ZUM SERVIEREN
Olivenöl
Rucolablätter

1 Weichen Sie die getrockneten Tomaten 10 Minuten in warmem Wasser ein. Trocken tupfen und in feine Streifen schneiden.

2 Den Ricotta durch ein Sieb in eine Schüssel streichen. Die Eier verschlagen, getrocknete Tomaten, Oliven und Kapern unterrühren. Abschmecken und gut würzen.

3 6 kleine Souffle- oder Auflaufformen (mit je 125 ml Inhalt) gut ausbuttern. Auf den Boden jeder Form ein Lorbeerblatt legen und je zwei an die gebutterten Seiten kleben. Lassen Sie die Formen etwas stehen, damit die Butter etwas fester wird und die Lorbeerblätter gut haften bleiben. Die Ricottamasse löffelweise einfüllen und mit einer Palette glattstreichen. Setzen Sie die Formen auf ein Backblech.

4 Die Käsekuchen im vorgeheizten Ofen bei 190°C/Gas Stufe 3 für 20 Minuten fest backen. Herausnehmen und abkühlen lassen. Auf Teller stürzen und lauwarm servieren, beträufelt mit Olivenöl und garniert mit einigen Rucolablättern und Kapern. Die Lorbeerblätter sollten Sie allerdings nicht mit essen.

PRODUKTINFO • Ricotta ist ein milder und milchiger Frischkäse, der aus Kuh- oder manchmal auch aus Schafsmilch hergestellt wird. Ricotta heißt, wörtlich übersetzt, aufgekocht, denn die Milch dafür wurde zweimal erhitzt.

Carpaccio von Thunfisch

Wenn Thunfisch wirklich frisch ist, dann ist er eigentlich zum Kochen zu schade. Hier wird er leicht gefroren hauchdünn aufgeschnitten, mit einem Zitronen-Olivenöl-Dressing benetzt und mit Rucola und Parmesan bestreut auf den Tisch gebracht.

Für: **4 Personen**

Zubereitungszeit: 10 Minuten, plus Zeit zum Einfrieren

250 g Thunfischfilet am Stück
12 EL Zitronensaft
150 ml Olivenöl
1 Knoblauchzehe, fein gehackt
1 EL gesalzene Kapern, abgespült
125 g Rucola
Salz und Pfeffer
Parmesanraspeln zum Servieren

1 Entfernen Sie alle Häute und Knorpel vom Thunfisch. Wickeln Sie ihn fest in Frischhaltefolie ein und legen Sie ihn für etwa 1 Stunde in das Gefrierfach. Der Thunfisch sollte angefroren, aber nicht steinhart sein.

2 In der Zwischenzeit Zitronensaft, Olivenöl, Knoblauch und Kapern zu einem Dressing verrühren. Mit Salz und Pfeffer abschmecken.

3 Wickeln Sie den Thunfisch aus und schneiden Sie ihn mit einem scharfen Messer in hauchdünne Scheiben. Verteilen Sie die Scheiben auf 4 Teller. Das Dressing darüber träufeln und mit Rucola und Parmesan bestreuen.

PRODUKTINFO • Kapernsträucher wachsen im Mittelmeerraum überall wild und was wir als Kapern bezeichnen, ist die Knospe. Kapernsträucher werden auch kultiviert, aber die wilden schmecken besser. Man kauft sie eingesalzen oder in Essig eingelegt.

Gegrillter Spargel mit gebratenen Eiern und Parmesan

Zu frischem grünen Spargel passen Eier hervorragend – egal in welcher Form. Hier werden die Eier in heißem Olivenöl gebraten. Das läßt sie am Rand braun und knusprig werden, in der Mitte aber bleiben sie zart und weich.

Für: **4 Personen**

Vorbereitungszeit: 10 Minuten

Garzeit: 10 Minuten

500 g grüner Spargel, geputzt
Olivenöl, zum Braten
4 Eier
Salz und Pfeffer
Parmesanraspel zum Servieren

1 Blanchieren Sie den Spargel 2 Minuten in kochendem Salzwasser, abgießen und unter kaltem Wasser abschrecken. Abtropfen lassen und mit etwas Olivenöl beträufeln, bis die Spargelstangen damit überzogen sind.

2 Schieben Sie den Spargel für 2–3 Minuten unter einen vorgeheizten Grill oder braten Sie ihn in einer Pfanne rundherum bissfest. Beiseite stellen und abkühlen lassen.

3 Geben Sie reichlich Olivenöl in ein Pfanne und erhitzen Sie es stark – es darf allerdings noch nicht rauchen. Schlagen Sie jedes Ei vorsichtig in die Pfanne – passen Sie auf, das Öl könnte spritzen! Die Ränder der Eier werden schnell kross und braun. Reduzieren sie die Hitze und decken Sie die Pfanne zu. Nach 1 Minute können Sie die Eier heraus nehmen und auf Küchenpapier abtropfen lassen. das Eigelb sollte zwar eine Haut haben, darunter aber noch flüssig sein.

4 Verteilen Sie den Spargel auf 4 vorgewärmte Teller und belegen Sie jeden Stapel mit einem Ei. Mit schwarzem Pfeffer und Parmesanraspel bestreuen. Stellen Sie zusätzlich noch etwas Salz auf den Tisch.

Toskanische Hühnerleber-Crostini

Diese Crostini werden in unendlich vielen Variationen überall in der Toskana angeboten. In Italien können Sie saftige Hühnerleber frisch kaufen, also versuchen auch Sie für dieses Rezept unbedingt frische zu bekommen. Vin Santo, ein toskanischer Dessertwein, gibt diesem Gericht ein interessantes Aroma.

Für: **4 Personen**

Vorbereitungszeit: 15 Minuten

Garzeit: 15 Minuten

Temperatur: 190°C/Gas Stufe 3

1 dünnes Baguette
3 EL Olivenöl, plus etwas Öl zum Bepinseln
75 g Butter
2 Schalotten, fein gehackt
1 Selleriestange, fein gehackt
1 kleine Karotte, fein gehackt
175 g frische Hühnerleber, geputzt und grob gehackt
2 EL Vin Santo, trockener Sherry oder Weißwein
1 EL Püree aus getrockneten Tomaten
2 EL gesalzene Kapern, abgespült und gehackt
3 EL gehackte Petersilie
Salz und Pfeffer

1 Das Brot in Scheiben schneiden, mit Olivenöl bepinseln und auf einem Backblech verteilen. Im vorgeheizten Ofen bei 190°C/Gas Stufe 3 10 Minuten goldbraun und knusprig backen.

2 Erhitzen Sie das Öl mit der Hälfte der Butter und dünsten Sie darin die Schalotten, Sellerie und Karotten weich. Die Leber dazu geben, die Hitze erhöhen und kräftig braten. Rühren Sie den Vin Santo und das Tomatenpüree hinein, reduzieren Sie die Hitze und lassen Sie alles bei niedriger Temperatur 15 Minuten einkochen.

3 Geben Sie Kapern, Petersilie und den Rest der Butter dazu und würzen Sie mit Salz und Pfeffer. Die Mischung sollte ziemlich grob sein, aber zerdrücken Sie die Zutaten noch weiter, wenn Sie den Crostini-Belag cremiger möchten. Den fertigen Hühnerleberaufstrich auf den Crostini verteilen und warm servieren. Auch kalt schmecken sie sehr gut, sollten aber nicht durchgeweicht sein.

Olivenöl

Olivenöl, von den Bewohnern des Mittelmeerraumes liebevoll flüssiges Gold genannt, ist einer der wichtigsten Bestandteile der italienischen Küche und ohne Olivenöl ist keine Küche vollständig. Man benötigt es für hunderte verschiedene kulinarische Aufgaben – sei es zum sanften Anbraten der Zwiebeln am Anfang einer Sauce, zum Einpinseln von Fisch vor dem Grillen oder für eine Salatsauce. Man sagt, das beste Öl gewinnt man aus den grünen Oliven der Toskana, die Anfang November geerntet werden. Öl aus Lucca, das einen intensiven gepfefferten Geschmack hat, gilt als das Beste der toskanischen Öle.

Oliven sind die kleinen ovalen Früchte des Olivenbaums, der ursprünglich aus dem Osten kommt. Große Mengen Oliven wurden im Altertum von den Griechen und Ägyptern verspeist, die glaubten, dass die Göttin Isis entdeckt hat, wie man Olivenöl gewinnt. In der griechischen Mythologie heißt es, dass Pallas Athene die Akropolis mit ihrem Speer traf und dass dort ein Olivenbaum sproß. Weiter sagt man ihr nach, dass sie der Menschheit beigebracht hat, wie man Oliven anbaut und die Früchte nutzen kann. Auch die alten Römer verehrten den Olivenbaum wegen seiner wichtigen Rolle ir der Ernährung und bei der Zubereitung von Speisen. Von ihnen sagt man, dass sie den Olivenbaum ebenso wie die Techniken der Ölgewinnung in den Mittelmeerraum gebracht haben.

Olivenölherstellung

Heute werden 95 % der weltweit geernteten Oliven zu Öl verarbeitet. Die Grundmethode der Ölgewinnung hat sich seit tausend Jahren, als die Etrusker damit begannen, kaum geändert, obwohl einige Geräte stark verbessert wurden. Die Oliven werden vorsichtig gepflückt, meistens von Hand um sie nicht zu beschädigen und anschließend werden die ganzen Früchte zusammen mit den Kernen grob zerkleinert. Danach gibt man sie auf schwere Matten und presst sie, was heute üblicherweise mit Hydraulikpressen geschieht. Das dabei entstehende Öl wird vom wässrigen Saft getrennt und gefiltert.

Olivenöl wurde lange Zeit als das beste Allzwecköl für alle kulinarischen Verwendungen angesehen. Es gibt eine beträchtliche Vielfalt an Geschmacksrichtungen, entsprechend der verwendeten Olivensorten, auf deren Aroma sich auch Bodenbeschaffenheit, Klima und Alter der Bäume auswirken. Im Allgemeinen hat Olivenöl, das aus jungen, grünen Oliven gewonnen wird einen frischen fruchtigen Geschmack, während das aus reifen dunklen Oliven gewonnene Öl gehaltvoller, grüner und kräftiger ist.

Olivenöl unterscheidet sich auch in der Qualität, abhängig davon, wie und wann es hergestellt wurde. Es wird klassifiziert nach den Regeln, die der internationale Olivenölverband basierend auf dem Säuregehalt des Öls festgelegt hat. Die besten Öle werden aus reifen oder teilweise reifen Oliven ohne Zugabe von Wasser oder irgendwelchen Chemikalien gepresst.

Extra kalt gepresstes Olivenöl

Dabei handelt es sich um Öl höchster Qualität und daher ist es auch das teuerste. Es ist der gefilterte Extrakt der ersten Pressung und hat manchmal den Hinweis „erste Kaltpressung" oder „kaltgepresst". Es ist ein ehrliches Produkt, unverschnitten, unverfälscht und absolut rein. Es hat einen gehaltvollen, fruchtigen und vollmundigen Duft und Geschmack und eine kräftige grüne Farbe. Extra kaltgepresstes Olivenöl hat einen Säuregehalt von höchstens 1 % (je niedriger, um so besser ist die Qualität und das Aroma des Öls).

Kalt gepresstes Olivenöl

Man erhält es nach der zweiten Pressung, indem man dem verbleibenden Fruchtfleisch der ersten Pressung kaltes Wasser zusetzt. Kaltgepresstes Olivenöl besitzt oft den Hinweis „feines, superfeines oder extrafeines Öl". Es hat einen leicht scharfen Geschmack und einen Säuregehalt von bis zu 1,5 %.

Reines Olivenöl

Dieses Öl erhält man aus der nächsten Pressung. Es hat folglich eine blassere Farbe und einen derberen Geschmack mit entsprechend weniger Charakter. Diese Art Öl bezeichnet man auch als „halbfeines kaltgepresstes Öl" oder einfach als „Olivenöl" und es hat einen Säuregehalt von bis zu 3 %. Manchmal ist es auch ein Verschnitt aus naturreinen, kaltgepressten und raffinierten Ölen.

Raffinierte Öle

Dies sind Öle, die nicht mehr zu den oben aufgeführten drei Qualitätsstufen zählen und viel Geschmack durch chemische Prozesse verloren haben. Um ihnen wieder etwas Geschmack zurückzugeben, fügt man meistens etwas kaltgepresstes Olivenöl dazu.

Wahl des Olivenöls

Die Wahl des Öls hängt von seiner Verwendung in der Küche ab. Extra kaltgepresste Öle haben einen kräftigen, vollen Geschmack, der eigentlich nur zu kräftigen, üppigen Gerichten paßt, die von der Geschmacksintensität profitieren, wie Pesto, Fleischmarinaden, gegrillte Gemüse, Salate und Pasta-Saucen. Für feinere Gerichte, wie Fisch, sollten Sie ein leichteres Öl verwenden, damit der Eigengeschmack nicht vom Öl überdeckt wird. Olivenöl ist zum Frittieren ungeeignet, da es die dazu erforderlichen hohen Temperaturen nicht verträgt.

Aufbewahrung

Olivenöl kann ranzig werden, wenn es zuviel Licht und Luft abbekommt. Bewahren Sie es in einem dunklen Schrank auf und stellen Sie es nach dem Öffnen in den Kühlschrank oder füllen Sie es in kleinere Behälter um, so hält es 6–10 Monate. Das Olivenöl flockt im Kühlschrank aus, wird aber bei Zimmertemperatur wieder klar.

Gewürzöle

Kräuteröle können Sie herstellen, indem Sie Ihre Lieblingskräuter, wie Rosmarin, Basilikum, Schnittlauch oder Minze mit Olivenöl aufgießen. Geben Sie 4 EL fein gehackte Kräuter zusammen mit 450 ml Öl in eine verschließbare Flasche. Lassen Sie diese Mischung 10 Tage ziehen, wobei Sie ab und zu schütteln sollten. Danach durch ein Sieb in eine Flasche mit Schraubverschluß abgießen, einen Zweig frische Kräuter dazu geben und die Flasche verschließen.

Crostini mit schwarzen Oliven, Pinienkernen, Kapern und Thunfisch

Diese Crostini vereinigen alle Aromen des Südens auf einer knusprigen Grundlage.

Für: **6 Personen**

Vorbereitungszeit: 10 Minuten

Garzeit: 10 Minuten

Temperatur: 190°C/Gas Stufe 3

1 Baguette
Olivenöl, zum Bepinseln
175 g angetrocknete schwarze Oliven, entkernt und gehackt
1 EL gesalzene Kapern, abgespült und gehackt
2 EL Pinienkerne, grob gehackt
1 kleine Knoblauchzehe, fein gehackt
1 EL gehackte Petersilie
6 getrocknete Tomaten, eingeweicht und grob gehackt
1 EL fein geriebene Zitronenschale
100 g Thunfisch in Öl, abgetropft
Salz und Pfeffer

1 Das Brot in Scheiben schneiden, mit Olivenöl bepinseln und auf einem Backblech verteilen. Im vorgeheizten Ofen bei 190°C/Gas Stufe 3 etwa 10 Minuten goldbraun und knusprig backen.

2 Verrühren Sie Oliven, Kapern, Pinienkerne, Knoblauch, Petersilie, getrocknete Tomaten und Zitronenschale in einer Schüssel. Arbeiten Sie den Thunfisch ein, so dass er zerfällt und sich mit den anderen Zutaten verbindet. Etwas Olivenöl dazu gießen und abschmecken. Mit Salz und Pfeffer würzen und auf die Crostini verteilen.

PRODUKTINFO • Pinienkerne sind die kleinen länglichen Nüsse eines Nadelbaumes. Sie sind weich und beinahe süß, sie passen hervorragend zu vielen süßen und herzhaften Gerichten. Sie sind nicht lange haltbar, also kauft man sie besser in kleinen Mengen und braucht sie bald auf.

VARIATION • Wenn Ihnen ein würziger Geschmack lieber ist, verwenden Sie eine Mischung aus grünen und schwarzen Oliven.

52 Antipasti

Crostini mit Saubohnen, Birne und Pecorino

Im Frühjahr gibt es in ganz Italien frische junge Saubohnen zu kaufen. Sie werden als Snack oder Vorspeise mit Pecorino gegessen.

Für: **6 Personen**

Vorbereitungszeit: 15 Minuten

Garzeit: 10 Minuten

Temperatur: 190°C/Gas Stufe 3

1 Baguette
Olivenöl, zum Bepinseln
250 g frische geschälte Saubohnen
1 kleine reife Birne, geschält, entkernt und fein gehackt
einige Tropfen Balsamico- oder Sherryessig
125 g Pecorino, gesalzener Ricotta oder Feta
Salz und Pfeffer

1 Das Brot in Scheiben schneiden, mit Olivenöl bepinseln und auf einem Backblech verteilen. Im vorgeheizten Ofen bei 190°C/Gas Stufe 3 etwa 10 Minuten goldbraun und knusprig backen.

2 Blanchieren Sie die Bohnen 3 Minuten in kochendem Wasser. Abgießen, unter kaltem Wasser abschrecken und aus den Schalen drücken. Zerdrücken sie die Bohnen grob mit einer Gabel, geben Sie etwas Olivenöl dazu und würzen Sie kräftig mit Salz und Pfeffer.

3 Tropfen Sie etwas Balsamocoessig über die gehackte Birne, Pecorino in kleine Würfel schneiden und unter die Balsamico-Birne rühren.

4 Auf jedes Crostini einen großen Klecks Bohnenpaste geben und mit einem Löffel von der Birnen-Käse-Mischung belegen. Sofort servieren.

PRODUKTINFO • Saubohnen werden frisch, gefroren oder in der Dose angeboten und passen gut zu Pecorino. Kleine, frisch geerntete Bohnen schmecken am besten – nehmen Sie sich die Zeit zum Schälen, die Mühe lohnt sich.

Gegrillte Tomaten auf Bruschetta

Diese festen, saftigen Tomaten haben viel Sonne getankt und strotzen vor Geschmack. Sie müssen nicht viel vorbereiten – einfach in den Ofen schieben, der herrliche Duft sagt Ihnen wenn sie fertig sind. Neben Strauchtomaten können Sie auch andere verwenden, aber vergewissern Sie sich, dass sie ein volles Aroma haben.

Für: **4 Personen**

Vorbereitungszeit: 10 Minuten

Garzeit: 2 Stunden

Temperatur: 160°C/Gas Stufe 1–2

4 große Strauchtomaten
2 Knoblauchzehen, fein gehackt
1 EL getrockneter Oregano
4 EL Olivenöl, plus etwas zum Beträufeln
50 g gesalzener Ricotta oder Feta, in Scheiben
  geschnitten
Salz und Pfeffer
Basilikum, zum Garnieren
BRUSCHETTA
4 dicke Scheiben Bauernbrot
2 Knoblauchzehen, zerdrückt

1 Die Tomaten längs halbieren, ein Backblech mit Olivenöl einpinseln und die Tomatenhälften mit der Schnittfläche nach oben darauf legen.

2 Vermischen Sie Knoblauch, Oregano und Olivenöl und würzen Sie mit Salz und Pfeffer. Verteilen Sie diese Mischung auf den aufgeschnittenen Tomaten. Im vorgeheizten Ofen bei 160°C/Gas Stufe 1–2 etwa 2 Stunden backen. Ab und zu nachsehen, denn die Tomaten sollen etwas geschrumpft sein, aber noch von leuchtend roter Farbe. Wenn sie zu braun werden, schmecken sie bitter. Aus dem Ofen nehmen und abkühlen lassen.

3 Toasten oder rösten Sie das Brot auf beiden Seiten. Mit Knoblauch einreiben und Olivenöl beträufeln. Auf jeder Brotscheibe sollen 2 Tomatenhälften Platz haben. Belegen Sie die Tomatenbrote mit den Käsescheiben. Lauwarm und mit einem Basilikumblatt garniert servieren.

PRODUKTINFO • Feta ist zwar ein griechischer Käse, aber eine gute Alternative zu Ricotta, falls der nicht erhältlich ist.

Tomaten-Bocconcini-Bruschetta

Die ursprüngliche Bruschetta ist eine große Scheibe Bauernbrot, über Feuer oder dem Grill geröstet, mit Knoblauch eingerieben und meistens mit gehackten Tomaten belegt. Diesen beliebten Snack finden Sie überall in Italien – ob in Bars oder zu Hause. Diese Version hier ist etwas raffinierter als das Original.

Für: **4 Personen**

Vorbereitungszeit: 10 Minuten

Garzeit: 5 Minuten

3 EL Olivenöl, plus etwas Öl zum Beträufeln
1 TL Balsamicoessig
12 Bocconcini (Baby Mozzarella), halbiert oder 375 g Mozzarella, gewürfelt
20 reife Cocktailtomaten, halbiert
2 EL gehacktes Basilikum
4 dicke Scheiben Bauernbrot
2 Knoblauchzehen, zerdrückt
125 g Rucola
Salz und Pfeffer
Basilikum, zum Garnieren

1 Verrühren Sie Olivenöl und Balsamicoessig und würzen Sie mit Salz und Pfeffer. Geben Sie die Bocconcini, die Tomaten und Basilikum dazu und rühren Sie gründlich um.

2 Toasten oder rösten Sie das Brot auf beiden Seiten. Mit Knoblauch einreiben und Olivenöl beträufeln.

3 Belegen Sie die Brotscheiben mit den Rucolablättern und verteilen Sie darüber Tomaten und Mozzarella. Mit Olivenöl beträufeln und mit Basilikum garnieren.

Antipasti

Steinpilzbruschetta mit Trüffelöl

Nützen Sie die kurze Pilzsaison für viele Gerichte – hier ist eines davon.

Für: 4 Personen

Vorbereitungszeit: 15 Minuten

Garzeit: 5 Minuten

4 dicke Scheiben Bauernbrot
2 Knoblauchzehen, zerdrückt
Olivenöl, zum Beträufeln
2 EL gehackte Petersilie
4 kleine frische Steinpilze
Zitronensaft, zum Beträufeln
Trüffelöl, zum Beträufeln
Salz und Pfeffer

1 Toasten oder rösten Sie das Brot auf beiden Seiten. Mit Knoblauch einreiben, Olivenöl beträufeln und Petersilie bestreuen.

2 Reinigen Sie die Pilze von Erde oder Tannennadeln. Die Stiele heraus drehen und fein schneiden. Schneiden Sie auch die Kappen so fein wie möglich.

3 Halbieren Sie die Brotscheiben, streuen Sie die Steinpilzstiele darüber und beträufeln Sie sie mit Zitronensaft. Mit Salz und Pfeffer würzen. Mit den Pilzkappen belegen und wieder Zitronensaft darüber träufeln. Mit Trüffelöl und Pfeffer würzen und sofort servieren.

PRODUKTINFO • Trüffelöl erhalten Sie in italienischen Feinkostgeschäften. Es ist nicht billig, aber Sie werden damit lange auskommen, da es sehr ergiebig ist.

Antipasti

Risotto

Parmesan-Butter-Risotto

Für: **6 Personen**

Vorbereitungszeit: 10 Minuten

Garzeit: 30 Minuten

125 g Butter
1 große Zwiebel, fein gehackt
150 ml trockener Weißwein
500 g Risottoreis
1 Prise Safranfäden
1,5 l heiße Hühner- oder Gemüsebrühe
  (siehe S. 8 und 9)
75 g frisch geriebener Parmesan
Salz und Pfeffer

1 Lassen Sie die Hälfte der Butter in einer hohen Pfanne zergehen und dünsten Sie die Zwiebel darin 10 Minuten weich. Mit Wein ablöschen, aufkochen und reduzieren.

2 Den Reis einrühren, mit Safran würzen und gut vermischen, der Reis soll rundherum mit Butter überzogen sein. Einen großen Schöpflöffel Brühe dazu gießen, rühren und warten bis der Reis die gesamte Flüssigkeit aufgesogen hat. Geben Sie nach und nach die Brühe dazu und kochen Sie so den Reis cremig weich, aber bissfest. Das wird, je nach verwendeter Reissorte, etwa 20 Minuten dauern. Abschmecken und gut mit Salz und Pfeffer würzen. Die restliche Butter und den Parmesan unterrühren.

3 Das Risotto zugedeckt ein paar Minuten ruhen lassen und dann servieren.

PRODUKTINFO • Safran ist das teuerste Gewürz der Welt, es ist aber auch das kraftvollste. Schon eine winzige Prise schmeckt sehr intensiv und verleiht jedem Gericht eine leuchtend gelbe Farbe.

Risotto mit Kürbis, Salbei und Chili

Für: 6 Personen

Vorbereitungszeit: 20 Minuten

Garzeit: 30 Minuten

125 g Butter
1 große Zwiebel, fein gehackt
1–2 frische oder getrocknete rote Chilischoten, entkernt und fein gehackt
500 g Kürbis, geschält und grob gehackt
500 g Risottoreis
1,5 l heiße Hühner- oder Gemüsebrühe (siehe S. 8 und 9)
3 EL gehackter Salbei
75 g frisch geriebener Parmesan
Salz und Pfeffer
Salbeiblätter, zum Garnieren

1 Lassen Sie die Hälfte der Butter in einer hohen Pfanne zergehen und dünsten Sie die Zwiebel darin 10 Minuten weich. Die Chilis und den Kürbis dazu geben, unterrühren und noch etwa 5 Minuten garen.

2 Den Reis einrühren und mit dem Gemüse vermischen. Ein paar Minuten weiter dünsten und dann einen großen Schöpflöffel Brühe dazu gießen, rühren und warten bis der Reis die gesamte Flüssigkeit aufgesogen hat. Geben Sie nach und nach die Brühe dazu und kochen Sie so den Reis cremig weich, aber bissfest. Das wird, je nach verwendeter Reissorte, etwa 20 Minuten dauern. Abschmecken und kräftig mit Salz und Pfeffer würzen. Die restliche Butter, Salbei und den Parmesan unterrühren.

3 Das Risotto zugedeckt ein paar Minuten ruhen lassen und dann mit Salbeiblättern garniert servieren.

Waldpilzrisotto

Für: **6 Personen**

Vorbereitungszeit : 20 Minuten

Garzeit: 30 Minuten

125 g Butter
1 große Zwiebel, fein gehackt
2 Knoblauchzehen, fein gehackt
175 g frische gemischte Waldpilze oder Steinpilze (oder eine vergleichbare Menge getrocknete), grob gehackt
1 EL Thymian und Majoran, gehackt
15 ml trockener Weißwein
500 g Risottoreis
1,5 l heiße Hühner- oder Gemüsebrühe (siehe S. 8 und 9)
Salz und Pfeffer
Majoranblätter, zum Garnieren
75 g frisch geriebener Parmesan, zum Servieren

1 Lassen Sie die Butter in einer hohen Pfanne zergehen und dünsten Sie die Zwiebel und den Knoblauch darin 10 Minuten weich. Pilze und Kräuter dazu geben und bei mittlerer Temperatur 3 Minuten weiter garen. Mit Wein ablöschen, aufkochen und reduzieren.

2 Den Reis einrühren, einen großen Schöpflöffel Brühe dazu gießen, rühren und warten bis der Reis die gesamte Flüssigkeit aufgesogen hat. Geben Sie nach und nach die Brühe dazu und kochen Sie so den Reis cremig weich, aber bissfest. Das wird, je nach verwendeter Reissorte, etwa 20 Minuten dauern. Abschmecken und gut mit Salz und Pfeffer würzen.

3 Das Risotto zugedeckt ein paar Minuten ruhen lassen und dann mit Majoranblättern garniert und Parmesan bestreut servieren.

Rotweinrisotto

Für: **6 Personen**

Vorbereitungszeit: 20 Minuten

Garzeit: 35 Minuten

125 g Butter
1 Zwiebel, fein gehackt
1 Karotte, fein gehackt
1 Selleriestange, fein gehackt
50 g Pancetta, fein gewürfelt
300 ml Rotwein
500 g Risottoreis
1,5 l heiße Hühner- oder Gemüsebrühe
  (siehe S. 8 und 9)
125 g frisch geriebener Parmesan
Salz und Pfeffer
Petersilie, zum Garnieren

1 Lassen Sie die Hälfte der Butter in einer hohen Pfanne zergehen und dünsten Sie darin Zwiebel, Karotte und Sellerie weich. Den Schinken dazu geben und weitere 5 Minuten garen. Mit Wein ablöschen, aufkochen und reduzieren.

2 Den Reis einrühren, einen großen Schöpflöffel Brühe dazu gießen, rühren und warten bis der Reis die gesamte Flüssigkeit aufgesogen hat. Geben Sie nach und nach die Brühe dazu und kochen Sie so den Reis cremig weich, aber bissfest. Das wird, je nach verwendeter Reissorte, etwa 20 Minuten dauern. Abschmecken und gut mit Salz und Pfeffer würzen. Die restliche Butter und den Parmesan einrühren.

3 Das Risotto zugedeckt ein paar Minuten ruhen lassen und dann mit gehackter Petersilie garniert und Parmesan bestreut servieren.

PRODUKTINFO • Pancetta ist ein fetter Schinken aus Schweinebauch, der nicht geräuchert wurde. Er wird mit Kräutern, Salz und Pfeffern gewürzt, zu einer Wurst zusammen gerollt und in feine Scheiben geschnitten.

Meeresfrüchte-Risotto

Dieses köstliche Meeresfrüchte-Risotto, wird aromatisch durch den Wein und leuchtend gelb durch Safran. Normalerweise wird in Italien zu Fisch und Meeresfrüchten kein Parmesan serviert.

Für: 6 Personen

Vorbereitungszeit: 30 Minuten

Garzeit: etwa 1 Stunde

2 große Prisen Safranfäden
375 g rohe Garnelen, in der Schale
1,5 l Fischbrühe (siehe S. 9)
300 ml trockener Weißsein
6 kleine Tintenfische, gesäubert
6 Jakobsmuscheln
600 ml Miesmuscheln
300 ml kleine Venusmuscheln
75 g Butter
1 Zwiebel, fein gehackt
500 g Risottoreis
3 EL gehackte Petersilie, zum Garnieren

1 Weichen Sie die Safranfäden in einer kleinen Schale mit warmem Wasser ein.

2 Von den Garnelen die Köpfe entfernen und mit der Fischbrühe und dem Weißwein in einem großen Topf aufkochen. Zugedeckt 20 Minuten köcheln lassen.

3 Schneiden Sie die Tintenfischtuben in Ringe und die Tintenfischarme in kleine Stücke. Öffnen Sie die Jakobsmuscheln und trennen Sie das weiße Muskelfleisch vom orangefarbenen Rogen. Die Miesmuscheln gut putzen und die Bärte entfernen. Alle Muscheln wegwerfen, die sich nicht schließen, wenn Sie darauf klopfen. Die Venusmuscheln gut waschen.

4 Gießen Sie die Garnelenbrühe in einen Topf ab, und erhitzen Sie sie bis fast zum Siedepunkt. Die Garnelen 2 Minuten darin sieden, dann die Tintenfische und Jakobsmuscheln mit Rogen weitere 2 Minuten mitgaren, mit einem Schaumlöffel herausnehmen und beiseite stellen. Mies- und Venusmuscheln hinein geben, aufkochen, und zugedeckt 5 Minuten kochen lassen, bis sich alle Schalen geöffnet haben. Mit einem Schaumlöffel heraus fischen und alle jetzt noch geschlossenen Muscheln wegwerfen.

5 Lassen Sie die Butter in einer hohen Pfanne zergehen und dünsten Sie darin die Zwiebel weich. Reis einrühren, einen großen Schöpflöffel Brühe dazu gießen, rühren und warten bis der Reis die Flüssigkeit aufgesogen hat. Geben Sie nach und nach – bis auf 2 Schöpflöffel – die Brühe dazu und kochen Sie so den Reis cremig weich, aber bissfest. Abschmecken und gut mit Salz und Pfeffer würzen.

6 Zum Schluß rühren Sie die übrige Brühe und alle Meeresfrüchte unter den Reis und lassen alles zugedeckt etwa 5 Minuten durchziehen. Das Risotto in einer Schüssel mit Petersilie bestreut anrichten und sofort servieren.

Risotto mit geröstetem Knoblauch und Lauch

Für: **4 Personen**

Vorbereitungszeit: 30 Minuten

Garzeit: 45 Minuten

6 große Knoblauchzehen
etwa 150 ml Olivenöl
500 g mittelgroße Lauchstangen, plus 2 extra
  zum Garnieren
Öl, zum Frittieren
500 g Risottoreis
1,5 l heiße Hühner- oder Gemüsebrühe
  (siehe S. 8 und 9)
50 g frisch geriebener Parmesan
Salz und Pfeffer

1 Reichlich Olivenöl mit den Knoblauchzehen in einer kleinen Pfanne bis zum Siedepunkt erhitzen. Etwa 20 Minuten oder bis der Knoblauch goldbraun und weich ist weiter garen. Die Knoblauchzehen im Öl abkühlen lassen, herausnehmen und beiseite stellen.

2 Schneiden Sie 2 Lauchstangen für die Garnierung in 7 cm lange Stücke, dann längs halbieren und in lange dünne Streifen schneiden. Die Lauchstreifen 2–3 Minuten in heißem Öl knusprig frittieren. Mit einem Schaumlöffel aus der Pfanne nehmen und auf Küchenpapier abtropfen lassen. Die restlichen Lauchstangen werden einfach in Ringe geschnitten.

3 Erhitzen Sie 75 ml von dem Knoblauchöl in einer hohen Pfanne. Die Lauchringe darin ein paar Minuten weich dünsten und den Knoblauch dazu geben.

4 Den Reis einrühren, einen großen Schöpflöffel Brühe dazu gießen, rühren und warten bis der Reis die gesamte Flüssigkeit aufgesogen hat. Geben Sie nach und nach die Brühe dazu und kochen Sie so den Reis cremig weich, aber bissfest. Das wird, je nach verwendeter Reissorte, etwa 20 Minuten dauern. Abschmecken und gut mit Salz und Pfeffer würzen. Den Parmesan unterrühren und zudecken. Das Risotto einige Minuten ruhen lassen und mit den frittierten Lauchstreifen belegt servieren.

Zitronen-Thymian-Risotto mit Wodka

Eine perfekte leichte Sommermahlzeit. Sie können dieses Risotto als Hauptgericht oder Beilage zu Fleisch oder Fisch servieren.

Für: **6 Personen**

Vorbereitungszeit: 20 Minuten

Garzeit: 30 Minuten

125g Butter
6 Lauchzwiebeln oder junge Schalotten, fein gehackt
150 ml trockener Weißwein
fein geriebene Schale und der Saft von 1 unbehandelten Zitrone
500 g Risottoreis
1,5 l heiße Hühner- oder Gemüsebrühe (siehe S. 8 und 9)
2 EL Wodka
1 EL gehackter Thymian
75 g frisch geriebener Parmesan
Salz und Pfeffer
ZUM GARNIEREN
Thymianzweige
feine Streifen Zitronenschale

1 Lassen Sie die Hälfte der Butter in einer hohen Pfanne zergehen und dünsten Sie darin Lauchzwiebeln oder Schalotten weich. Mit Wein ablöschen, die Hälfte der Zitronenschale dazu geben, aufkochen und reduzieren.

2 Den Reis einrühren, einen großen Schöpflöffel Brühe dazu gießen, rühren und warten bis der Reis die gesamte Flüssigkeit aufgesogen hat. Geben Sie nach und nach die Brühe dazu und kochen Sie so den Reis cremig weich, aber bissfest. Das wird, je nach verwendeter Reissorte, etwa 20 Minuten dauern. Abschmecken und gut mit Salz und Pfeffer würzen. Die restliche Butter, Zitronenschale, Zitronensaft, Wodka, Thymian und den Parmesan einrühren.

3 Das Risotto zugedeckt ein paar Minuten ruhen lassen und dann mit Thymianzweigen und feingeschnittener Zitronenschale garniert servieren.

PRODUKTINFO • Thymian kann frisch oder getrocknet verwendet werden, frischer hat natürlich einen besseren Geschmack. Er paßt hervorragend zu Zitrone.

Cremiges Radicchio-Risotto

Ein Gericht aus dem Veneto – der Region, in der sowohl Risottoreis als auch verschiedene Sorten Radicchio angebaut werden. Dieses Risotto schmeckt bitter-süß und aromatisch.

Für: 6 Personen

Vorbereitungszeit: 15 Minuten

Garzeit: 30 Minuten

125 g Butter

2 Karotten, fein gewürfelt

125 g geräuchterter Speck, fein gewürfelt

2 Knoblauchzehen, fein gehackt

500 g Radicchio, fein gehackt

500 g Risottoreis

1,5 l heiße Hühner- oder Gemüsebrühe
  (siehe S. 8 und 9)

3 EL Sahne

75 g frisch geriebener Parmesan, plus etwas
  zum Servieren

Salz und Pfeffer

1 Lassen Sie die Hälfte der Butter in einer hohen Pfanne zergehen und dünsten Sie darin die Karotten weich. Pancetta und Knoblauch 5 Minuten leicht Farbe nehmen lassen, den Radicchio dazu geben und unter Rühren zusammenfallen lassen.

2 Den Reis einrühren, einen großen Schöpflöffel Brühe dazu gießen, rühren und warten bis der Reis die gesamte Flüssigkeit aufgesogen hat. Geben Sie nach und nach die Brühe dazu und kochen Sie so den Reis cremig weich, aber bissfest. Das wird, je nach verwendeter Reissorte, etwa 20 Minuten dauern. Abschmecken und gut mit Salz und Pfeffer würzen. Die restliche Butter, Sahne und Parmesan einrühren.

3 Das Risotto zugedeckt ein paar Minuten ruhen lassen und dann mit Parmesan bestreut servieren.

PRODUKTINFO • Radicchio ist eine in Italien sehr beliebte Salatsorte. Er kann roh gegessen oder, wie hier, gekocht werden, ohne das er an Geschmack verliert. Er hat eine schöne Farbe, ein leicht bitteres Aroma und knackige Blätter.

Gefüllte Reisbällchen

Diese goldbraunen knusprigen Bällchen werden gefüllt mit zart schmelzendem Mozzarella, Salami und Basilikum. Sie schmecken hervorragend als Imbiss, wenn sie größer sind oder sind auch perfekt als kleine Happen zu einem Aperitiv, wie hier.

Ergibt: **20 Bällchen**

Vorbereitungszeit: 30 Minuten, plus Abkühlen

Garzeit: 45 Minuten

Temperatur: 180°C/Gas Stufe 2–3

75 g Butter
1 Zwiebel, fein gehackt
150 ml trockener Weißwein
275 g Risottoreis
900 ml heiße Hühnerbrühe (siehe S. 8)
25 g frisch geriebener Parmesan
2 kleine Eier
50 g Mozzarella, fein gewürfelt
50 g Salami, fein gewürfelt
20 kleine Basilikumblätter
125 g Semmelbrösel
Öl, zum Frittieren
Salz und Pfeffer

1 Lassen Sie die Hälfte der Butter in einer hohen Pfanne zergehen und dünsten Sie darin die Zwiebeln 10 Minuten weich. Mit Wein ablöschen, aufkochen und reduzieren.

2 Den Reis einrühren, einen großen Schöpflöffel Brühe dazu gießen, rühren und warten bis der Reis die gesamte Flüssigkeit aufgesogen hat. Geben Sie nach und nach die Brühe dazu und kochen Sie so den Reis cremig weich, aber bissfest. Das wird, je nach verwendeter Reissorte, etwa 20 Minuten dauern. Abschmecken und gut mit Salz und Pfeffer würzen. Den Parmesan einrühren, das Risotto vom Herd nehmen und ganz auskühlen lassen.

3 Die Eier verschlagen und unter das Risotto rühren. Geben Sie einen Esslöffel von dem Reis in Ihre nasse Handfläche, legen Sie ein Basilikumblatt und Mozzarella oder Salami darauf, dann mit einem weiteren Löffel Reis bedecken, um die Füllung ganz einzuschließen. Zu einer Kugel formen und auf diese Weise das gesamte Risotto aufbrauchen.

4 Schütten Sie die Semmelbrösel in eine Schüssel und panieren Sie die Reisbällchen darin rundherum. Öl in einer Pfanne erhitzen, Semmelbrösel sollten darin sofort zu brutzeln beginnen. Frittieren Sie mehrere Reisbällchen zu gleicher Zeit goldbraun. Auf Küchenpapier abtropfen lassen, etwas salzen und sofort servieren.

VARIATION • Würzen Sie das Risotto mit Safran oder füllen Sie die Reisbällchen mit getrockneten Tomaten.

Pasta und Saucen

Basis-Tomaten-Sauce

Diese Sauce ist die perfekte Grundlage für eine Pizza, zu Nudeln oder um andere Saucen zu verfeinern. Wenn Sie von der Tomatensauce nicht die gesamte Menge auf einmal verbrauchen, läßt sich der Rest zugedeckt bis zu einer Woche im Kühlschrank aufbewahren.

Für: **4 Personen**

Vorbereitungszeit: 10 Minuten

Garzeit: 1 Stunde

1 kg frische reife Tomaten, geviertelt oder ganze geschälte Tomaten aus der Dose,
- grob gehackt
1 Zwiebel, fein gehackt
2 Knoblauchzehen, gehackt
4 Basilikumblätter, gewaschen
125 ml Olivenöl

1 Die Tomaten mit der Zwiebel und dem Knoblauch in einen Topf geben. Zugedeckt aufkochen lassen und dann bei niedriger Temperatur 25 Minuten garen.

2 Nehmen Sie den Deckel vom Topf und lassen Sie die Sauce weitere 15 Minuten einkochen.

3 Die Tomatensauce im Mixer pürieren und durch ein Sieb streichen, um Haut und Kerne zu entfernen. Basilikum und Olivenöl einrühren.

PRODUKTINFO • Frische Eiertomaten sind die beste Grundlage für Tomatensauce. Sie geben ihr einen intensiven fruchtigen Geschmack. Wenn Sie sie nicht bekommen, erfüllen geschälte Tomaten aus der Dose auch ihren Zweck.

Penne in Walnuss-Sauce

Für: **4–6 Personen**

Vorbereitungszeit: 15 Minuten

Garzeit: 8–12 Minuten

Temperatur: 190°C/Gas Stufe 3

500–750 g Penne rigate
300 ml Milch
2 Scheiben Vollkornbrot, ohne Rinde
300 g Walnusskerne, in Stücken
1 Knoblauchzehe, zerdrückt
50 g frisch geriebener Parmesan, plus etwas zum Garnieren
100 ml Olivenöl
150 ml Creme double
Salz und Pfeffer

1 Bringen Sie mindestens 2 l Salzwasser in einem großen Topf zum Kochen. Kochen Sie darin die Nudeln etwa 8–12 Minuten (oder nach Anweisung auf der Verpackung) bissfest.

2 In der Zwischenzeit die Milch in einen tiefen Teller gießen und die Brotscheiben darin einweichen, bis die Milch ganz aufgesogen ist.

3 Gleichzeitig verteilen Sie die Walnüsse auf einem Backblech und rösten sie im vorgeheizten Ofen bei 190°C/Gast Stufe 3–5 Minuten. Herausnehmen und abkühlen lassen.

4 Das Brot, Walnüsse, Knoblauch, Parmesan und Olivenöl im Mixer zu einer cremigen Paste pürieren. Mit Salz und Pfeffer würzen und Creme double unterrühren. Sofort mit den heißen Nudeln vermischt und mit Parmesan bestreut servieren.

PRODUKTINFO • Geben Sie für eine kräftige dunkle Sauce entkernte, angetrocknete schwarze Oliven mit in den Mixer.

Tagliatelle mit Rucola und Cocktailtomaten

In diesem schnell zubereitetem Gericht vermischen Sie scharfen Rucola, kräftigen Knoblauch und süße Cocktailtomaten. Balsamicoessig gibt ihm eine interessante Geschmacksnote.

Für: **4 Personen**

Vorbereitungszeit: 10 Minuten

Garzeit: 8–12 Minuten

500 g Tagliatelle verde
3 EL Olivenöl
2 Knoblauchzehen, fein gehackt
500 g weiche reife Cocktailtomaten, halbiert
1 EL Balsamicoessig
175 g Rucola
Salz und Pfeffer
Parmesanraspel zum Garnieren

1 Bringen Sie mindestens 2 l Salzwasser in einem großen Topf zum Kochen. Kochen Sie darin die Nudeln etwa 8–12 Minuten (oder nach Anweisung auf der Verpackung) bissfest.

2 Erhitzen Sie in der Zwischenzeit das Olivenöl in einer Pfanne und braten Sie den Knoblauch darin kurz an. Die Tomaten dazu geben und knapp 1 Minute weiter rühren, sie sollen durch und durch heiß sein und gerade zerfallen.

3 Balsamicoessig darüber träufeln und den Rucola unterrühren. Vorsichtig vermischen und die Rucolablätter zusammenfallen lassen. Mit Salz und viel frisch gemahlenem schwarzen Pfeffer würzen. Mit den heißen Nudeln vermischt und Parmesanraspeln bestreut sofort servieren.

Pesto Trapanese

Das Rezept ist ein Vermächtnis der Araber auf Sizilien, sie brachten die Mandeln auf die Insel. Dieses Pesto stammt aus Trapani, wo die Araber zuerst landeten. Es ist ein altes und doch modernes Rezept, in dem viel Knoblauch verwendet wird.

Für: 4–6 Personen

Vorbereitungszeit: 12 Minuten

Garzeit: 8–12 Minuten

500–750 g Fusilli
3 reife Tomaten
4 Knoblauchzehen
50 g Basilikumblätter, plus einige zum Garnieren
125 g Mandelkerne, geröstet
150 ml Olivenöl
Salz und Pfeffer

1 Bringen Sie mindestens 2 l Salzwasser in einem großen Topf zum Kochen. Kochen Sie darin die Nudeln etwa 8–12 Minuten (oder nach Anweisung auf der Verpackung) bissfest.

2 Pürieren sie in der Zwischenzeit alle Zutaten im Mixer zu einer cremigen Paste. Sie können die Tomaten, Knoblauch, Basilikum und Mandeln auch von Hand sehr fein hacken. Mit Olivenöl verrühren und mit Salz und Pfeffer abschmecken.

3 Vermischen Sie das Pesto gut mit den heißen Nudeln. Mit Basilikumblättern garniert servieren.

4 Sie können dieses Pesto auch schon im voraus zubereiten. In ein Glas gefüllt und mit Olivenöl bedeckt läßt es sich gut aufbewahren und kann jederzeit mit frisch gekochten Nudeln vermischt werden.

Pappardelle mit Hasensauce

Ein kräftiges Gericht aus der Toskana – genau richtig für kalte Tage.

Für: 4 Personen

Vorbereitungszeit: 30 Minuten

Garzeit: 2 Stunden 30 Minuten

1 Hase, zerlegt
3 EL Olivenöl
50 g Butter
1 Zwiebel, fein gehackt
1 Karotte, fein gewürfelt
1 Selleriestange, fein gewürfelt
2 Knoblauchzehen, gehackt
75 g Pancetta oder ungeräucherter Speck, gewürfelt
2 EL Mehl
300 ml trockener Rotwein
etwa 600 ml Hühnerbrühe (siehe Seite 8)
1 TL gehackter Rosmarin
1 EL gehackter Salbei
2 Lorbeerblätter
500 g Pappardelle oder andere breite Nudeln
flüssige Butter
Salz und Pfeffer

1 Den Hasen auslösen und das Fleisch in kleine Würfel schneiden.

2 Erhitzen Sie Öl und Butter in einer hohen Pfanne und dünsten Sie darin die Zwiebel, Karotte, Sellerie und Knoblauch etwa 10 Minuten weich.

3 Pancetta und Hasenfleisch dazu geben, gut verrühren und einige Minuten bräunen lassen. Gut salzen und pfeffern. Rühren Sie das Mehl hinein und löschen Sie mit dem Wein und der Hälfte der Brühe ab. Gut durchrühren und die Bratrückstände vom Pfannenboden lösen. Rosmarin, Salbei und Lorbeerblätter dazu geben und aufkochen. Die Hitze reduzieren und die Sauce bei halb zugedeckter Pfanne mindestens 2 Stunden leise köcheln lassen, bis das Fleisch weich und die Sauce konzentriert und dick ist. Wenn nötig dabei mit Brühe aufgießen.

4 In der Zwischenzeit bringen Sie mindestens 2 l Salzwasser in einem großen Topf zum Kochen. Kochen Sie darin die Nudeln etwa 8–12 Minuten (oder nach Anweisung auf der Verpackung) bissfest. Abgießen und mit nicht zu wenig geschmolzener Butter verrühren.

5 Die Sauce abschmecken, wenn nötig nachwürzen und die Lorbeerblätter herausfischen. Mit den Butternudeln vermischen und sofort servieren. Diese Sauce kann auch im Mixer cremig püriert werden.

Kutscher-Nudeln

Das war ein Hauptnahrungsmittel der sizilianischen Kutscher. Am Straßenrand aus ein paar Zutaten schnell zubereitet – Tomaten, Knoblauch, Olivenöl, Spaghetti und gesalzener Ricotta, der sich so konserviert gut hielt. Dieses Rezept wurde für den heutigen Geschmack etwas verfeinert.

Für: 6 Personen

Vorbereitungszeit: 15 Minuten

Garzeit: 8–12 Minuten

750 g Spaghetti
6 reife Tomaten, etwa 750 g
4–5 Knoblauchzehen, geschält
50 g Basilikum
eine Prise Chiliflocken
150 ml Olivenöl
125 g gesalzener Ricotta oder Pecorino, gerieben, plus etwas zum Servieren
Salz

1 Bringen Sie mindestens 2 l Salzwasser in einem großen Topf zum Kochen. Kochen Sie darin die Nudeln etwa 8–12 Minuten (oder nach Anweisung auf der Verpackung) bissfest.

2 In der Zwischenzeit die Tomaten schälen und hacken und mit dem Saft der Tomaten in eine Schüssel geben.

3 Den Knoblauch, Basilikum und Chiliflocken mit einer Prise Salz im Mixer zerkleinern und mit dem Olivenöl zu einer cremigen Paste verrühren. Zum Zerkleinern der Zutaten können Sie auch einen Mörser verwenden. Vermischen Sie Püree und Tomaten.

4 Die Nudeln abgießen und ein paar Löffel vom Kochwasser aufheben. Die Spaghetti in eine große Schüssel geben, einen Teil vom Käse und die Kochflüssigkeit unterrühren und gut mit der Sauce vermischen. Mit dem restlichen Käse servieren.

Spaghetti mit Knoblauch, Öl und Chili

Ein klassisches Gericht, das ursprünglich aus Rom stammt, inzwischen aber in ganz Italien verbreitet ist. Es ist schnell gekocht, lecker und sättigend. Eigentlich war es ein Arme-Leute-Essen, denn man braucht dazu nichts weiter als Nudeln, Knoblauch und Olivenöl.

Für: **4–6 Personen**

Vorbereitungszeit: 5 Minuten

Garzeit: 8–12 Minuten

500–750 g Spaghetti oder Spaghettini
25 ml Olivenöl
2 Knoblauchzehen, fein gehackt
2 kleine getrocknete Chilies, entkernt und
   gehackt
2 EL gehackte Petersilie
Salz und Pfeffer

1 Bringen Sie mindestens 2 l Salzwasser in einem großen Topf zum Kochen. Kochen Sie darin die Nudeln etwa 8–12 Minuten (oder nach Anweisung auf der Verpackung) bissfest.

2 In der Zwischenzeit Olivenöl in einer Pfanne erhitzen und den Knoblauch und eine Prise Salz dazu geben. Unter Rühren den Knoblauch vorsichtig bräunen lassen. Wird der Knoblauch allerdings zu dunkel, schmeckt er bitter. Mit Chilies würzen.

3 Das heiße Chiliöl mit den abgetropften Nudeln vermischen. Mit viel schwarzem Pfeffer und der gehackten Petersilie servieren.

PRODUKTINFO • Spaghettini sind dünner als Spaghetti und haben eine entsprechend kürzere Kochzeit.

Selbstgemachte Pasta

Getrocknete Pasta mit frischer Pasta zu vergleichen, ist so, als würde man Kreide mit Käse vergleichen. Das soll nicht heißen, dass getrocknete Pasta nicht in den meisten Fällen absolut gut ist – sie ist köstlich und jeder sollte einen Vorrat seiner Lieblingssorten im Schrank haben – aber frische Pasta ist einfach besser. Sie hat einen besseren Geschmack, eine bessere Konsistenz und braucht kaum Zeit zum Kochen. Eine Menge italienischer Feinkostläden und Supermärkte bieten frische Pasta an. Aber einen ausgezeichneten Pasta-Teig selbst zu Hause herzustellen ist überraschend einfach, egal ob mit oder ohne Nudelmaschine – und Ihre Gäste werden beeindruckt sein. Wenn Sie eine Nudelmaschine besitzen, wird die Pasta gleichmäßiger. Idealerweise sollte frische Pasta am selben Tag gegessen werden, obwohl man sie, wenn es sein muß, 24 Stunden im Kühlschrank oder bis zu 3 Monaten in Gefrierfach aufbewahren kann.

Pastateig

Die Mengenangaben hier sind nur grobe Richtlinien und es kann sein, dass Sie mehr Mehl zugeben müssen, abhängig von der Feuchtigkeit und der Sorte des verwendeten Mehls. Seien Sie vorsichtig – zu viel Mehl macht die Pasta hart und mehlig im Geschmack. Der Teig darf nicht zu weich sein – eigentlich muß er ziemlich schwer zu kneten sein. Die Anzahl der Portionen ist auch nur eine durchschnittliche Angabe, da sie von der Größe der Portionen abhängt.

Für: **2–4 Personen**

Vorbereitungszeit: 15 Minuten, plus Ruhezeit

200 g Weizenmehl (aus Italien, wenn möglich)
1 Prise Salz
2 große Eier
1 Esslöffel Olivenöl

1 Mehl und Salz direkt auf eine saubere Arbeitsfläche sieben und mit der Faust eine Mulde in die Mitte drücken.

2 Eier und Öl verquirlen und in die Mulde gießen.

3 Mit einer Hand die Eier nach und nach mit dem Mehl vermischen und alles zu einem glatten Teig verkneten.

4 Sie können den Teig auch mit einer Küchenmaschine oder einem Mixer herstellen. Dazu Mehl und Salz in die Schüssel geben, dann verquirlte Eier, Öl und die gewünschten Geschmackszutaten (siehe unten) zugeben und die Mischung so lange kneten, bis alles zu einem homogenen Teig verbunden ist.

5 Den Pastateig so lange kneten, bis er weich wird. In Frischhaltefolie wickeln und mindestens 30 Minuten ruhen lassen, bevor Sie ihn ausrollen. Durch die Ruhezeit wird der Teig viel elastischer.

98 Pasta

Zum Grundteig für Pasta gibt es mehrere Variationen, mit denen Sie köstliche Ergebnisse erzielen.

Spinat-Pasta

Gehen Sie wie beim Grundrezept vor, indem Sie 200 g Mehl auf eine saubere Arbeitsfläche sieben. Mit der Faust eine Mulde in die Mitte des Mehls drücken. 150 g Tiefkühl-Blattspinat kochen und soviel Flüssigkeit wie möglich ausdrücken. Zusammen mit 1 Prise Salz und 2 Eiern pürieren. Diese Mischung in die Mulde gießen und wie beim Grundrezept fortfahren.

Tomaten-Pasta

Geben Sie 2 EL Tomatenmark oder eine Paste aus getrockneten Tomaten zum Mehl. Je nach Größe 1–2 Eier verwenden.

Rote Beete-Pasta

Geben Sie 2 EL geriebene, gekochte Rote Beete zum Mehl und verwenden Sie weniger oder kleinere Eier.

Safran-Pasta

1 Päckchen Safranpulver 15 Minuten in 2 EL heißem Wasser auflösen. Je nach Größe 1–2 Eier verwenden und das Safran-Wasser nach und nach mit ihnen verquirlen.

Kräuter-Pasta

Geben Sie 3 EL frische, fein gehackte Kräuter, wie z.B. Basilikum zum Mehl.

Schwarze Pasta

Geben Sie einen kleinen Beutel Sepia-Tinte aus dem Fischgeschäft zu den Eiern hinzu, bevor Sie diese zum Mehl geben. Es kann sein, dass Sie etwas mehr Mehl benötigen.

Mit einer Nudelmaschine

1 Nach der Ruhezeit den Teig mehrere Male durch die weiteste Einstellung der Walzen drehen, wobei man ihn nach jedem Mal dreifach faltet. Anschließend weiter durch die Walzen drehen, wobei man die Einstellung jedesmal reduziert, bis man die gewünschte Dicke der Pasta erreicht hat. Normalerweise ist die zweitfeinste Einstellung gut geeignet für Tagliatelle, die feinste für Ravioli und jede andere gefüllte Pasta.

2 Wenn die gewünschte Stärke erreicht ist, die Pasta zum Trocknen über einen hölzernen Pastaständer oder über Kochlöffel hängen – dies erleichtert das Schneiden, da die Pasta dann nicht mehr so klebrig ist. Ravioli dagegen werden sofort gefüllt, damit die Ränder gut zusammenhaften.

3 Die Pasta durch die gewünschten Schneideeinsätze drehen und auf saubere bemehlte Tücher legen. Mit wenig Mehl bestäuben und möglichst bald kochen. Oder aber die geschnittene Pasta aufhängen, bis sie gekocht wird.

Das Kochen

1 Die Pasta in einen großen Topf mit kochendem Salzwasser geben und umrühren, um ein Ansetzen am Topfboden zu verhindern. Ein EL Olivenöl läßt das Nudelwasser nicht überkochen und verhindert das Verkleben der Nudeln. Den Topf nicht abdecken. Als Richtlinie sollten Sie pro 375–500 g frischer Pasta 4 Liter Wasser und 3 EL Salz rechnen.

2 Die Hitze sofort reduzieren, so dass es nur leicht köchelt und umrühren. Solange kochen, bis die Pasta „al dente" ist, wobei die Kochzeit ab dem Zeitpunkt gerechnet wird, nachdem das Wasser mit den Nudeln wieder gekocht hat. Die Pasta sollte noch Biss haben. Sie sollte keinen harten Kern mehr haben, darf aber auch nicht zu weich sein. Frische ungefüllte Pasta braucht 2–3 Minuten. Frische gefüllte Pasta, wie Tortelloni, Capelletti oder Ravioli, brauchen zwischen 2 und 5 Minuten. Sie sind fertig, wenn sie wieder an die Oberfläche kommen.

3 Die Pasta sofort in ein großes Sieb abgießen. 2–3 EL vom Nudelwasser aufheben, dies läßt die Sauce später besser an den Nudeln haften. Die Sauce Ihrer Wahl, Olivenöl oder Butter dazugeben und die heiße Pasta sofort servieren.

Pasta mit Spinat und Sardellen

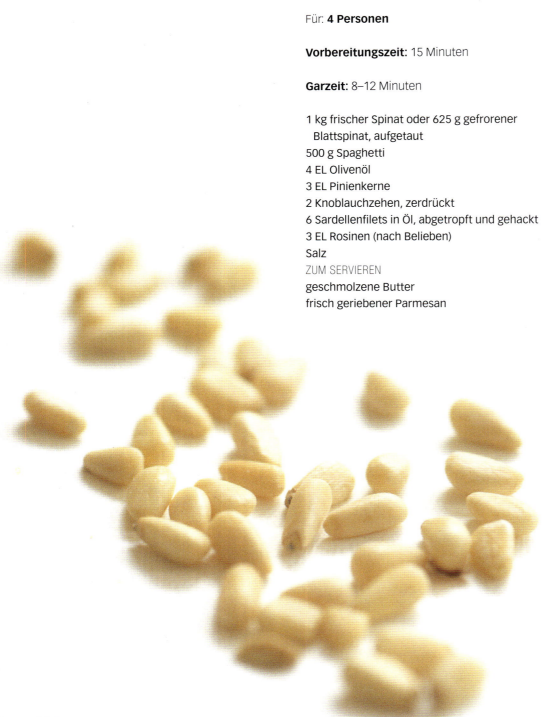

Für: 4 Personen

Vorbereitungszeit: 15 Minuten

Garzeit: 8–12 Minuten

1 kg frischer Spinat oder 625 g gefrorener Blattspinat, aufgetaut
500 g Spaghetti
4 EL Olivenöl
3 EL Pinienkerne
2 Knoblauchzehen, zerdrückt
6 Sardellenfilets in Öl, abgetropft und gehackt
3 EL Rosinen (nach Belieben)
Salz
ZUM SERVIEREN
geschmolzene Butter
frisch geriebener Parmesan

1 Wenn Sie frischen Spinat verwenden, entfernen Sie die Stiele und waschen Sie die Blätter gründlich. Abtropfen lassen und in einen großen Topf geben. Den Spinat bei großer Hitze zugedeckt zusammenfallen lassen, dabei den Topf ab und zu schütteln. Die noch immer leuchtend grünen Blätter abtropfen lassen. Gefrorenen Spinat bereiten Sie nach den Anweisungen auf der Packung zu.

2 Bringen Sie mindestens 2 l Salzwasser in einem großen Topf zum Kochen. Kochen Sie darin die Nudeln etwa 8–12 Minuten (oder nach Anweisung auf der Verpackung) bissfest.

3 In der Zwischenzeit erhitzen Sie das Olivenöl in einer Pfanne und braten darin die Pinienkerne goldbraun. Heraus fischen und auf Küchenpapier abtropfen lassen. Nun den Knoblauch in dem Öl anbraten, Sardellen und Spinat dazu geben und unter Rühren 2–3 Minuten erwärmen. Zum Schluß die Pinienkerne dazu geben und auch die Rosinen, falls sie welche verwenden möchten.

4 Die Nudeln abtropfen lassen, in einer vorgewärmten Schüssel mit etwas Butter verrühren. Die Spinatsauce unterrühren und mit viel frisch geriebenem Parmesan servieren.

Fettuccine mit Gorgonzolasauce

Für: **4 Personen**

Vorbereitungszeit: 5 Minuten

Garzeit: 8–12 Minuten

500 g Fettuccine oder andere Bandnudeln
25 g Butter, plus etwas zum Servieren
250 g Gorgonzola, zerbröselt
150 ml Creme double
2 EL trockener Vermouth
1 TL Mehl
2 EL gehackter Salbei
Salz und Pfeffer
Salbeiblätter, zum Garnieren

1 Bringen Sie mindestens 2 l Salzwasser in einem großen Topf zum Kochen. Kochen Sie darin die Nudeln etwa 8–12 Minuten (oder nach Anweisung auf der Verpackung) bissfest.

2 Lassen Sie in der Zwischenzeit die Butter in einer Pfanne zergehen. Verrühren Sie darin den Gorgonzola bei niedriger Temperatur etwa 2–3 Minuten, bis er ganz geschmolzen ist.

3 Creme double, Vermouth und Mehl gut mit dem Käse verrühren, Salbei dazu geben und aufkochen lassen. Abschmecken, mit Salz und Pfeffer würzen und beiseite stellen.

4 Die Nudeln abtropfen lassen und in einer vorgewärmten Schüssel mit etwas Butter vermischen. Die Sauce unter Rühren noch einmal erhitzen, über die Nudel gießen und untermischen. Mit Salbeiblättern garniert sofort servieren.

PRODUKTINFO • Gorgonzola ist ein cremiger halbfester Blauschimmelkäse mit kräftigem Geschmack. Zum ersten Mal wurde er vor über 1000 Jahren in dem noditalienischen Dorf Gorgonzola hergestellt und gehört damit zu den ältesten Käsesorten der Welt. Natürlich schmeckt er nicht nur in einer Sauce sondern auch einfach zum Brot.

Pasta Arrabiata mit Knoblauchbröseln

Dies ist eine scharf gewürzte Sauce mit knusprigen Semmelbröseln, in Sizilien mollica oder genauer mollica fritta genannt. Wenn es ganz schnell gehen soll, vermischen Sie nur frisch gekochte Nudeln mit den gerösteten Bröseln.

Für: 4–6 Personen

Vorbereitungszeit: 5 Minuten

Garzeit: etwa 30 Minuten

3 EL Olivenöl
2 Schalotten, fein gehackt
8 Scheiben Pancetta oder ungeräucherter Speck, gewürfelt
2 TL Chiliflocken
500 g gehackte Tomaten aus der Dose
500–750 Gramm Muschelnudeln
Salz und Pfeffer
Petersilie zum Garnieren
MOLLICA
6 Scheiben Weißbrot, ohne Rinde
125 g Butter
2 Knoblauchzehen, fein gehackt

1 Erhitzen Sie das Olivenöl in einer Pfanne und lassen Sie darin die Schalotten und den Pancetta vorsichtig bräunen. Chiliflocken und gehackte Tomaten dazu geben und die Sauce halb zugedeckt 20 Minuten einkochen lassen. Mit Salz und Pfeffer würzen.

2 In der Zwischenzeit bringen Sie mindestens 2 l Salzwasser in einem großen Topf zum Kochen. Kochen Sie darin die Nudeln etwa 8–12 Minuten (oder nach Anweisung auf der Verpackung) bissfest.

3 Für die Mollica zerkleinern sie die Weißbrotscheiben im Mixer zu Bröseln. Erhitzen Sie die Butter in einer Pfanne und braten Sie Knoblauch und Brotbrösel darin goldbraun und knusprig. (Weder Knoblauch noch Brotbrösel anbrennen lassen, das Gericht wäre ruiniert).

4 Vermischen Sie die abgetropften Nudeln in einer Schüssel mit der Tomatensauce. Jede Portion mit Brotbröseln bestreuen und Petersilie garnieren.

Spinat-Ricotta-Ravioli

Für: 4–6 Personen

Vorbereitungszeit: 45 Minuten, plus Ruhezeit

Garzeit: 3 Minuten

PASTA
400 g Weizenmehl
1 TL Salz
1 EL Olivenöl
4 Eier, verschlagen

FÜLLUNG
500 g gefrorener Spinat, aufgetaut und
  ausgedrückt
175 g frischer Ricotta
½ TL frisch geriebene Muskatnuss
1 TL Salz
frisch gemahlener schwarzer Pfeffer
1 verschlagenes Ei, zum Verkleben

ZUM SERVIEREN
125 g Butter, geschmolzen
25 g frisch geriebener Parmesan

1 Um den Nudelteig herzustellen sieben Sie das Mehl auf eine saubere Arbeitsfläche. Salzen und in die Mitte eine Mulde drücken. Das Öl und die Eier hinein gießen und nach und nach mit dem Mehl verrühren.

2 Kneten sie den Teig bis er geschmeidig ist. Lassen Sie ihn vor dem Ausrollen in Frischhaltefolie gewickelt im Kühlschrank ruhen. Der Teig ist nach der Ruhezeit viel elastischer.

3 Für die Füllung pürieren Sie den Spinat und den Ricotta mit Salz, Pfeffer und Muskatnuss im Mixer zu einer cremigen Paste. Zugedeckt in den Kühlschrank stellen, während Sie den Teig ausrollen.

4 Den Teig halbieren und eine Hälfte wieder in Folie einwickeln. Rollen Sie die andere Hälfte auf einer bemehlten Arbeitsfläche dünn zu einem Rechteck aus. Mit einem angefeuchteten Tuch abdecken und den restlichen Teig genau so ausrollen.

5 Mit einem Löffel oder einer Spritztülle je einen kleinen Klecks der Füllung in gleichmäßigen Reihen, Abstand etwa 4 cm, auf den Teig setzen. Pinseln Sie den Teig zwischen dem Spinat mit dem verschlagenen Ei ein. Legen Sie die andere Teigplatte darüber; das funktioniert sehr gut, wenn Sie den Teig von einem Nudelholz abrollen. Den Teig mit den Fingern rund um die Füllungen gut andrücken und dabei eventuell eingeschlossene Luft heraus drücken.

6 Mit einem Teigrädchen oder scharfen Messer viereckige Ravioli ausschneiden oder mit einem umgedrehten Glas ausstechen. Auf ein bemehltes Tuch legen und ruhen lassen.

7 Bringen Sie in einem großen Topf Salzwasser zum Kochen. Die Ravioli darin etwa 3 Minuten garen. Gut abtropfen lassen und mit der geschmolzenen Butter vermischen. Sofort mit frisch geriebenem Parmesan servieren.

Kräuter-Ravioli mit Pilzen

Diese leckeren Ravioli sind gefüllt mit Pilzen – Oliven und getrocknete Tomaten sorgen für einen intensiven Geschmack. Diese Ravioli brauchen keine Sauce, nur etwas Butter und Parmesan.

Für: **4 Personen**

Vorbereitungszeit: 45 Minuten, plus Ruhezeit

Garzeit: 5 Minuten

PASTA
200 g Weizenmehl
1 TL Salz
2 Eier
1 EL Olivenöl
4 EL gehackter Estragon, Majoran und Petersilie, gemischt
FÜLLUNG
250 g gemischte Pilze
50 g Butter oder 2 El Olivenöl
2 Schalotten, fein gehackt
25 g griechische schwarze Oliven, entkernt und fein gehackt
4 getrocknete Tomaten in Öl, abgetropft und fein gehackt
1 EL trockener Marsala
frisch geriebene Muskatnuss
Salz und Pfeffer
verschlagenes Ei, zum Verkleben
ZUM SERVIEREN
50 g Butter, geschmolzen
Parmesanspäne
einige gedünstete Pilze
einige Kräuter

1 Für die Pasta sieben Sie das Mehl auf eine saubere Arbeitsfläche. Salzen und in die Mitte eine Mulde drücken.

2 Verschlagen Sie die Eier gut mit dem Olivenöl. Gießen Sie diese Mischung in die Mulde und geben Sie auch die gehackten Kräuter dazu.

3 Nach und nach mit den Fingern einer Hand das Mehl, Eier und Kräuter vermischen. Diesen grob verrührten Teig mit beiden Händen zu einer Kugel verarbeiten. Arbeitsfläche und Hände säubern.

4 Kneten Sie den Teig etwa 5–10 Minuten weiter geschmeidig und elastisch. In Frischhaltefolie einwickeln und bei Zimmertemperatur vor dem Ausrollen 30 Minuten ruhen lassen. Der Teig ist nach der Ruhezeit viel elastischer.

5 Für die Füllung reinigen Sie zuerst sorgfältig die Pilze (nicht waschen, da die Pilze sonst an Aroma verlieren und die Füllung zu naß wird). Fein hacken.

6 Erhitzen Sie Butter und Olivenöl und dünsten Sie darin die Schalotten 5 Minuten weich. Die Pilze, Oliven und getrocknete Tomaten dazu geben und unter Rühren bei großer Hitze etwa 2 Minuten braten. (Nicht länger, die Pilze werden sonst hart) Träufeln Sie den Marsala darüber und lassen Sie die Pilze noch 1 Minute garen. Gut mit Salz, Pfeffer und Muskatnuss würzen.

7 Den Nudelteig halbieren und eine Hälfte wieder in Folie einwickeln. Rollen Sie die andere Hälfte auf einer bemehlten Arbeitsfläche möglichst dünn zu einem Quadrat von etwa 30 cm Seitenlänge aus. Mit einem angefeuchteten Tuch abdecken und den restlichen Teig genau so ausrollen.

8 Setzen Sie 16 gehäufte Löffel der Füllung in 4 Reihen auf eine der Teigplatten, der Abstand sollte etwa 4 cm betragen. Pinseln Sie den Teig zwischen den Pilzhäufchen mit dem verschlagenen Ei ein. Legen Sie die andere Teigplatte darüber, das funktioniert gut, wenn Sie den Teig auf ein Nudelholz rollen. Den Teig mit den Fingern rund um die Füllungen gut andrücken und dabei eventuell eingeschlossene Luft heraus drücken. Mit einem Teigrädchen oder scharfen Messer viereckige Ravioli ausschneiden und auf ein bemehltes Tuch legen. (Bereiten Sie frische Ravioli nicht zu früh vor, sie werden bei längerer Lagerzeit grau)

9 Bringen Sie Salzwasser mit etwas Olivenöl in einem großen Topf zum Kochen und geben Sie vorsichtig die Ravioli hinein. Aufkochen, Herd ausschalten und die Ravioli zugedeckt 5 Minuten ziehen lassen. Gut abtropfen lassen und im Topf mit der geschmolzenen Butter vermischen.

10 Verteilen Sie auf jeden der 4 vorgewärmten Teller 4 Ravioli, hobeln Sie Parmesan darüber und garnieren Sie jede Portion mit gedünsteten Pilzen und Kräutern.

Gnocchi und Polenta

Gnocchi mit Butter, Parmesan und Salbei

Richtig zubereitet sind diese kleinen Klößchen aus Norditalien feder-leicht. Das Geheimnis dafür sind mehlige Kartoffeln, in der Schale gekocht und noch warm verarbeitet. Ganz wenig Mehl und eine zarte Hand sind nötig. In diesem Rezept werden Eier verwendet, um die Handhabung zu erleichtern. Die Gnocchi werden dadurch etwas fester als die reinen Kartoffel-gnocchi.

Für: **4 Personen**

Vorbereitungszeit: 30 Minuten

Garzeit: 35 Minuten

1 kg mehlige Kartoffel, ungeschält
50 g Butter
1 Ei, verschlagen
250–300 g Weizenmehl, plus etwas zum
  Bestäuben
Salz
ZUM SERVIEREN
geschmolzene Butter
gehackter Salbei
frisch gemahlener Parmesan

1 Kochen Sie die Kartoffeln in Salzwasser 20–30 Minuten weich. Gut abtropfen lassen. sie können die Kartoffeln auch im Ofen backen bis sie gar sind. Die Kartoffeln noch warm schälen und mit einer Kartoffelpresse in eine Schüssel drücken.

2 Während die Kartoffeln noch warm sind geben Sie einen TL Salz, die Butter, das ver-schlagene Ei und die Hälfte des Mehls dazu. Vorsichtig vermischen und auf eine bemehlte Arbeitsfläche stürzen. Kneten Sie nach und nach das restliche Mehl in den Kartoffelteig, bis er geschmeidig und etwas klebrig ist.

3 Formen Sie den Teig zu etwa 2,5 cm dicken Rollen und schneiden Sie davon 1,5 cm breite Stücke ab. Drücken Sie jedes Stück mit Ihrem Daumen über den Rücken einer Gabel, so dass auf einer Seite der Gnocchi Rillen entstehen. Verteilen Sie die fertigen Gnocchi auf einem bemehlten Tuch.

4 Bringen Sie in einem großen Topf Salzwas-ser zum Kochen. Die Gnocchi hinein geben und 2–3 Minuten garen, bis sie an die Ober-fläche steigen. Mit einem Schaumlöffel heraus nehmen und mit geschmolzener Butter, ge-hacktem Salbei und viel frisch gemahlenem Parmesan vermischen.

VARIATION • Soll das Gericht raffinierter werden, servieren Sie die Gnocchi mit einer Sauce Ihrer Wahl. Sowohl Tomaten- als auch Sahnesaucen schmecken hervorrgend zu Gnocchi.

Spinat-Ricotta-Gnocchi in Zitronenbutter

Das sind die leichtesten Gnocchi, insbesondere wenn Sie mit frischem weißem Ricotta gemacht werden. Frischer Ricotta wird aus Kuh- oder Schafsmolke hergestellt. Der Ricotta, den man im Supermarkt erhält, besteht aus pasteurisierter Vollmilch.

Für: **4 Personen**

Vorbereitungszeit: 30 Minuten, plus Zeit zum Durchziehen

Garzeit: 20 Minuten

625 g frischer Spinat oder 300 g gefrorener Blattspinat, aufgetaut
25 g Butter
1 Schalotte, fein gehackt
fein geriebene Schale von 1 unbehandelten Zitrone
150 g frischer Ricotta, durch ein Sieb gestrichen
25 g Weizenmehl, plus etwas zum Bestäuben
2 Eigelb
75 g frisch geriebener Parmesan, plus etwas zum Servieren
frisch geriebene Muskatnuss
Salz und Pfeffer
Kräuter, zum Garnieren
SAUCE
2 unbehandelte Zitronen
175 g Butter
2 Lorbeerblätter

1 Vom frischen Spinat die Stiele entfernen und die Blätter gründlich waschen. Gut abtropfen lassen und in einen Topf geben. Zugedeckt aufkochen und die Blätter zusammenfallen lassen. Drücken Sie nach kurzem Abkühlen einen Großteil der Flüssigkeit aus. Den Spinat grob hacken. Wenn Sie gefrorenen Spinat verwenden, drücken Sie ihn aus und hacken ihn grob.

2 Butter in einer Pfanne zergehen lassen und darin die Schalotte weich dünsten. Spinat und Zitronenschale einrühren und einige Minuten garen, dabei gut vermischen. In eine große Schüssel füllen.

3 Verrühren Sie darin Ricotta, Mehl, Eigelb und Parmesan. Wenn alle Zutaten gut vermengt sind mit Salz, Pfeffer und Muskatnuss würzen. Zugedeckt einige Stunden (oder über Nacht) im Kühlschrank ziehen lassen.

4 Waschen Sie die Zitronen unter heißem Wasser. Schälen Sie mit einem Kartoffelschäler die Zitronen ganz dünn, die bittere weiße Unterhaut soll nicht mit abgeschält werden. Drücken Sie eine Zitrone aus und stellen Sie den Saft beiseite. Butter in einer kleinen Pfanne zergehen lassen. Zitronenschalen und Lorbeerblätter dazu geben. Alles etwa 2 Minuten in der Butter schwenken, vom Herd nehmen und mindestens 1 Stunde an einem warmen Platz durchziehen lassen.

5 Nehmen Sie einen Löffel von dem Gnocchiteig und formen Sie kleine Stücke in Form von Weinkorken. Fertige Gnocchi auf ein bemehltes Tuch legen.

6 Erhitzen Sie die Zitronenbutter wieder und gießen Sie sie durch ein Sieb in eine große Pfanne um. Den Saft einrühren, aufkochen und mit Salz und Pfeffer würzen. Gießen Sie ein Drittel der Sauce in eine vorgewärmte Servierschüssel.

7 Bringen Sie in einem großen Topf Salzwasser zum Kochen. Die Gnocchi hinein geben und 2–3 Minuten garen, bis sie an die Oberfläche steigen. Mit einem Schaumlöffel heraus nehmen, mit der restlichen Zitronensauce übergießen und mit frisch geriebenem Parmesan bestreut und Kräutern garniert servieren.

Gebackene Gnocchi mit Pancetta, Parmesan und Salbei

Für diese Gnocchi werden Grieß, Käse, Milch und Salbei verarbeitet. Der abgekühlte Teig wird in Stücke geschnitten und mit Butter goldgelb gebacken. Dies ist ein herrliches Gericht, serviert mit Tomatensauce oder auch zu Wild.

Für: **4 Personen**

Vorbereitungszeit: 15 Minuten, plus Abkühlen

Garzeit: 25–30 Minuten

Temperatur: 230°C/Gas Stufe 5

1 l Milch
250 g Grieß
175 g frisch geriebener Parmesan
125 g Butter
2 Eigelb
1 EL Dijonsenf
2 El gehackter Salbei
3 El gehackte Petersilie
150 g Pancetta, dünn geschnitten
eine Handvoll Salbeiblätter
Salz und Pfeffer

1 Gießen Sie die Milch in einen Topf und rühren Sie den Grieß ein. Langsam zum Kochen bringen, dabei ständig rühren bis die Masse richtig dicklich ist – das dauert etwa 10 Minuten.

2 Vom Herd nehmen und die Hälfte des Parmesan, die Hälfte der Butter, Eigelb, Senf, gehackten Salbei und Petersilie einrühren. Abschmecken und gut mit Salz und Pfeffer würzen. Legen Sie ein Backblech mit Frischhaltefolie aus und gießen Sie die Mischung, etwa 1 cm hoch, darauf. Mindestens 2 Stunden im Kühlschrank fest werden lassen.

3 Wenn der Gnocchiteig fest ist, mit einem Ausstecher zu kleinen Dreiecken oder Kreisen mit 3,5 cm Durchmesser ausstechen.

4 Buttern Sie eine Auflaufform und belegen sie den Boden mit den ausgestochenen Gnocchi. Mit der Hälfte der restlichen Butter übergießen, der Hälfte des Pancetta belegen und etwas Parmesan darüber streuen. Mit einer Schicht Gnocchi, der restlichen Butter, Pancetta und Salbei abschließen. Mit dem übrigen Parmesan bestreut im vorgeheizten Ofen bei 230°C/Gas Stufe 5 15–20 Minuten goldbraun und knusprig backen. Vor dem Servieren 5 Minuten ruhen lassen.

PRODUKTINFO • Es macht Spaß, Gnocchi herzustellen. Man kann sie aus Kartoffeln, oder wie hier, aus Grieß machen.

Frittierte Gnocchi mit Salsa rossa

Das Geheimnis dieser Sauce aus dem Piemont liegt in Ihrer langen Kochzeit. Die Sauce ist dick, intensiv und süß-sauer. Perfekt zum Dippen für diese knusprigen Gnocchi.

Für: 6 Personen als Snack

Vorbereitungszeit: 25 Minuten, plus Ruhezeit

Garzeit: 2–3 Stunden

SALSA ROSSA

7 reife Tomaten, gehackt
1 Karotte, fein gehackt
2 Zwiebeln, fein gehackt
3 Knoblauchzehen, fein gehackt
1 kleine getrocknete rote Chilieschote, entkernt
3 EL Zucker
1 EL Rotweinessig
1 EL Olivenöl
Salz und Pfeffer

GNOCCHI

500 ml Milch
250 g Grieß
75 g frisch geriebener Parmesan
50 g Butter
1 Eigelb
eine Prise Chilipulver
frisch geriebene Muskatnuss
Weizenmehl, zum Panieren
2 Eier, verschlagen
Semmelbrösel, zum Panieren
Salz und Pfeffer
Öl, zum Frittieren

1 Für die Sauce geben Sie die Tomaten, Karotte, Zwiebel, Knoblauch, Chilischote, Zucker und Essig mit Olivenöl in einen Topf. Zum Kochen bringen, Hitze reduzieren und zugedeckt 2–3 Stunden köcheln lassen.

2 Gießen Sie die Milch in einen Topf und rühren Sie den Grieß ein. Langsam zum Kochen bringen, dabei ständig rühren bis die Masse dick wird. Das dauert etwa 10 Minuten.

3 Vom Herd nehmen und den Parmesan einrühren. Abschmecken und kräftig mit Salz und Pfeffer würzen. Legen Sie ein Backblech mit Frischhaltefolie aus und gießen Sie die Mischung, etwa 1 cm hoch, darauf. Mindestens 2 Stunden im Kühlschrank fest werden lassen.

4 Wenn die Sauce fertig ist, die Chilischote heraus fischen und die Sauce im Mixer pürieren, oder durch ein Sieb passieren. Abschmecken, Salzen und Pfeffern und etwas Olivenöl einrühren. Vor dem Servieren wieder erhitzen.

5 Ist der Gnocchiteig abgekühlt, schneiden Sie ihn mit einem nassen Messer in mundgerechte Dreiecke. Panieren Sie jedes Dreieck in Mehl, Ei und Semmelbrösel. Das Öl in einer tiefen Pfanne erhitzen (ein Stück Brot sollte in 30 Sekunden braun werden) und die Gnocchi darin 2–3 Minuten goldbraun frittieren. Auf einem Küchentuch abtropfen lassen und etwas salzen.

Gebackene Polenta

Das ist ein toller einfacher Weg, Polenta zuzubereiten ohne stundenlang rühren zu müssen. Man ist sie als Beilage zu Fleisch und Gemüse oder als Hauptgericht mit Knoblauchbutter, Rosmarin und geriebenem Parmesan.

Für: **6–8 Personen**

Garzeit: 1 Stunde 15 Minuten

Temperatur: 190°C/Gas Stufe 3

15 – 25 g Butter
1,8 l Wasser
2 TL Salz
375 g Polentagrieß (keine Instant-Polenta)
ZUM SERVIEREN
Knoblauchbutter
Rosmarinzweige
geriebener Parmesan

1 Buttern Sie eine große Auflaufform aus.

2 Bringen Sie in einem großen Topf Salzwasser zum Kochen. Vom Herd nehmen und unter Rühren nach und nach den Polentagrieß hinein schütten. Es dürfen sich keine Klumpen bilden. Polenta wieder auf den Herd stellen, aufkochen und 5 Minuten köcheln lassen – dabei ständig rühren.

3 Gießen Sie die Polenta in die Auflaufform und streichen Sie die Oberfläche glatt. Eine mit Butter oder Öl bestrichenen Alufolie darüber legen und im vorgeheizten Ofen bei 190°C/Gas Stufe 3 etwa 1 Stunde backen. Herausnehmen, den Rand der mit einem Messer lösen und die Polenta auf ein Brett stürzen. Mit einem scharfen Messer in Scheiben schneiden. Mit Knoblauchbutter, Rosmarin und geriebenem Parmesan servieren oder als Beilage zu Fleisch oder Gemüse reichen.

PRODUKTINFO • Fertige Polenta kann man sehr gut bis zu 3 Monate einfrieren. Vor dem Zubereiten unbedingt ganz auftauen lassen.

Polenta-Chips

Nicht wirklich italienisch, aber trotzdem gut: diese Polenta-Chips können anstelle von Röstkartoffeln serviert werden. Sie sind außen hell golden und knusprig und innen ganz zart.

Für: **4 Personen**

Vorbereitungszeit: 35 Minuten, plus Ruhezeit

Garzeit: 25–30 Minuten

25 g Butter
600 ml Wasser
1 TL Salz
125 g Polentagrieß
Weizenmehl, zum Rollen
Salz und Paprikapulver
Öl, zum Frittieren

1 Bringen Sie die Butter und das Wasser zusammen mit dem Salz in einem Topf zum Kochen. Vom Herd nehmen und unter Rühren nach und nach den Polentagrieß hinein schütten. Es dürfen sich keine Klumpen bilden. Polenta wieder auf den Herd stellen, aufkochen und 15 Minuten köcheln lassen – dabei ständig rühren. Die Polenta sollte sich jetzt von den Topfwänden lösen. In eine mit Öl ausgestrichene Auflaufform gießen, die Oberfläche glatt streichen und etwas abkühlen lassen. Zugedeckt beiseite stellen und fest werden lassen.

2 Stürzen Sie die Polenta auf nasses Backpapier und schneiden Sie sie mit einem nassen Messer in Stücke.

3 Das Öl in einer tiefen Pfanne erhitzen (ein Stück Brot sollte in 30 Sekunden braun werden). Rollen Sie die Chips in etwas Mehl und frittieren Sie sie nach und nach im Öl 6–8 Minuten hell golden und knusprig. Auf einem Küchentuch abtropfen lassen und mit Salz und Paprika würzen. Im Ofen bis zum Servieren warm halten.

122 Polenta

Weiche Polenta mit Rosmarin und Knoblauch

Servieren Sie diese Polenta anstelle von Kartoffelbrei zu Braten oder Wild. Da sie nach längerer Ruhezeit immer dicker wird, sollte man sie sofort servieren. Für dieses Rezept wird Instant-Polenta verwendet.

Für: **4 Personen**

Vorbereitungszeit: 10 Minuten

Garzeit: 15 Minuten

1,5 l kaltes Wasser
125 g Butter
4 große Knoblauchzehen, fein gehackt
3 EL gehackter Rosmarin
300 g Instant-Polenta
Salz und Pfeffer
Rosmarinzweige, zum Garnieren

1 Bringen Sie das Wasser zusammen mit dem Salz in einem Topf zum Kochen.

2 Die Hälfte der Butter in einer Pfanne zergehen lassen und den Knoblauch darin kurz anbraten. Rosmarin einrühren und beiseite stellen.

3 Rühren Sie nach und nach den Polentagrieß in das kochende Wasser. Es dürfen sich keine Klumpen bilden. Knoblauch und Rosmarin dazu geben und unter Rühren 5–10 Minuten köcheln lassen, bis die Polenta die Konsistenz von Kartoffelbrei hat. Mit Salz und Pfeffer würzen, die restliche Butter unterrühren und mit Rosmarinzweigen garniert sofort servieren.

PRODUKTINFO • Rosmarin ist ein in Italien sehr beliebtes Gewürz. Er hat einen kräftig aromatischen Geschmack und sollte deswegen vorsichtig dosiert werden.

Fisch und Meeresfrüchte

Fisch in Salzkruste

Bemühen Sie sich nicht, den Fisch auszunehmen und zu schuppen – die Schuppen schützen ihn vor dem Salz und ausgenommen würde der Fisch seine Saftigkeit verlieren. Der Trick an diesem Rezept ist seine Einfachheit.

Für: **8 Personen**

Vorbereitungszeit: 15 Minuten

Garzeit: 1 Stunde

Temperatur: 190°C/Gas Stufe 3

Öl, zum Einfetten
2 Eiweiß
6 EL Wasser
ca. 2 kg Meersalz, je nach Größe der Back- oder
 Auflaufformen
2 x 2 kg ganzer Fisch, nicht geschuppt und nicht
 ausgenommen
einige Zweige Dill oder wilder Fenchel

1 Wählen Sie 2 ovale oder rechteckige Back- oder Auflaufformen aus, in denen die Fische Platz haben, ohne die Seiten zu berühren und bestreichen Sie die Formen mit wenig Öl.

2 Verrühren Sie die Eiweiße mit dem Wasser und vermischen das Ganze mit dem Salz; am besten kneten Sie den Salzteig mit den Händen durch.

3 Verteilen Sie auf den eingefetteten Boden jeder Form eine ca. 2,5 cm dicke Salzschicht. Legen Sie den Fisch darauf, belegen ihn mit dem Dill und bedecken Ihn mit dem restlichen Salz. Drücken Sie das Salz gut an und achten Sie darauf, dass keine Löcher im Salzteig entstehen. Im vorgeheizten Backofen bei 190°C/Gas Stufe 3 etwa eine Stunde backen.

4 Die Auflaufformen aus dem Ofen nehmen und 10 Minuten ruhen lassen. Die harte Salzkruste aufbrechen und mit dem Salz den Dill und die Fischhaut mit Schuppen entfernen. Die Fische filetieren und schnell auf vorgewärmten Tellern servieren.

VARIATION • Mit dieser Garmethode schmekken ganze Lachse, Lachsforellen, Loup de mer oder auch Red Snapper; die Fische bleiben saftig und schmecken köstlich, ohne dabei salzig zu werden.

Seeteufel mit Knoblauch gespickt

Der festfleischige Seeteufel wird mit Knoblauch gespickt, dazu mit Lorbeer gewürzt und auf einem saftigen Gemüsebett gegart.

Für: **4 Personen**

Vorbereitungszeit: 20 Minuten, plus Marinierzeit

Garzeit: 20 Minuten

Temperatur: 220°C/Gas Stufe 4–5

1 kg Schwanzstück vom Seeteufel
3–4 Lorbeerblätter
1 TL Fenchelsamen
4-6 Knoblauchzehen, in dicke Stifte geschnitten
4 EL Olivenöl
einige Thymianzweige
2 rote Paprikaschoten, halbiert, entkernt und grob geschnitten
1 Aubergine
2 Zucchini, in mundgerechte Stücke geschnitten
3 reife Eiertomaten, in Stücke geschnitten
3 EL Zitronensaft
Salz und Pfeffer
ZUM GARNIEREN
2 EL gesalzene Kapern, abgespült und gehackt
3 EL gehackte Petersilie

1 Säubern Sie den Seeteufel von allen Häuten und dunklen Stellen. Entfernen Sie die Mittelgräte, indem Sie den Fisch in der Mitte aufschneiden und das Fleisch mit der Messerspitze von der Gräte schaben. Den Fisch umdrehen und auch auf der anderen Seite das Fleisch von der Gräte lösen.

2 Legen Sie die Lorbeerblätter auf die Innenseite eines Filets und streuen die Fenchelsamen darüber. Legen Sie das zweite Filet darüber und verschnüren Sie den Fisch alle 2,5 cm mit einem Bindfaden.

3 Schneiden Sie mit einem scharfen Messer kleine Schlitze in den Seeteufel und stecken die Knoblauchzehen hinein. Öl, Thymian und Pfeffer in einer Schüssel vermischen und den Fisch darin wenden. Abgedeckt mindestens 2 Stunden, besser über Nacht, im Kühlschrank marinieren lassen.

4 Den Fisch aus der Marinade nehmen und 2 EL der Marinade in einer beschichteten Pfanne stark erhitzen. Den Seeteufel in 2–3 Minuten von allen Seiten anbraten, dann herausnehmen.

5 In der gleichen Pfanne die restliche Marinade erhitzen und die Paprika, Aubergine und Zucchini bei großer Hitze anbraten. In eine Auflaufform geben, den Fisch darauflegen und die Tomaten und den Zitronensaft hinzufügen. Im vorgeheizten Backofen bei 220°C/Gas Stufe 4–5 etwa 20 Minuten garen, dabei ab und zu umrühren und den Fisch begießen.

6 Nehmen Sie den Fisch aus der Form und entfernen Sie den Bindfaden. Die Lorbeerblätter entfernen und den Fisch in dicke Scheiben schneiden. Das Gemüse mit Salz und Pfeffer abschmecken. Servieren Sie den Seeteufel auf dem Gemüsebett und garnieren ihn mit den Kapern und der Petersilie

Geschmorter Wolfsbarsch mit Fenchel und Oliven

Für: **4 Personen**

Vorbereitungszeit: 15 Minuten

Garzeit: 35 Minuten

Temperatur: 220°C/Gas Stufe 4–5

1,25 kg Wolfsbarsch, geschuppt und
   ausgenommen
einige Rosmarinzweige
2 große Fenchelknollen
150 ml gutes Olivenöl
4 EL Zitronensaft
1 EL getrockneter Oregano
3 EL gehackte Petersilie
8 große grüne Oliven, entkernt
150 ml trockener Weißwein
Salz und Pfeffer
Fenchelgrün zum
   Garnieren

1 Den Wolfsbarsch innen und außen waschen, trockentupfen und den Rosmarin in die Bauchöffnung geben.

2 Halbieren Sie den Fenchel der Länge nach, entfernen Sie den Strunk und schneiden den Fenchel in dicke Scheiben. In kochendem Salzwasser 5 Minuten blanchieren und abgießen.

3 Öl, Zitronensaft, Oregano, Petersilie, Salz und Pfeffer vermischen und den Fenchel damit würzen. Geben Sie den Fenchel in eine ovale Auflaufform, in der auch der Wolfsbarsch Platz hat. Den Fisch auf den Fenchel legen, mit der restlichen Flüssigkeit begießen und die Oliven und den Weißwein dazugeben.

4 Im vorgeheizten Backofen bei 220°C/Gas Stufe 4–5 in etwa 30 Minuten garen. Dann den Fenchel umrühren, den Fisch mit der Sauce begießen und noch 5 Minuten im abgeschalteten Ofen ruhen lassen. Mit Fenchelgrün bestreut auf vorgewärmten Tellern servieren.

Forelle blau

Dieses Gericht erinnert an die kalten Gebirgsflüsse der Berge und klappt nur mit ganz frischen Fischen. Dann aber schmeckt es ohne weitere Sauce, höchstens einige neue Kartoffeln in Butter dazu...

Für: **4 Personen**

Vorbereitungszeit: 10 Minuten

Garzeit: 30–40 Minuten

4 absolut frische Forellen, noch mit der Schleimschicht bedeckt, durch die Kiemen ausgenommen
4 EL Weißweinessig
Zitronenstücke zum Servieren
COURT BOUILLON (Gemüsesud mit Essig zum Garen)
1 Zwiebel,
1 Karotte und
1 Stange Sellerie, jeweils dünn geschnitten
2 Petersilienstengel
2 Thymianzweige
1 Lorbeerblatt
4 zerstoßene Pfefferkörner
75 ml Weißweinessig
1,5 l Wasser
Salz

1 Legen Sie die Forellen auf eine Platte und begießen Sie sie mit dem Essig. Berühren Sie die Fische möglichst wenig, damit die Schleimschicht nicht verletzt wird, die für die Blaufärbung der Forellen zuständig ist.

2 Für die Court Bouillon die Zwiebel, Karotte, Sellerie, Petersilie, Thymian, Lorbeer, Pfeffer, Essig und Wasser in einem weiten Topf zum Kochen bringen und salzen. Zugedeckt bei kleiner Hitze etwa 30 Minuten köcheln lassen. Die Gemüse abgießen und den Sud wieder zum Kochen bringen.

3 Die Forellen in den kochenden Sud legen und abseits von Feuer in 7–8 Minuten garziehen lassen. Die Fische sollten dann eine blau-graue Farbe haben und sich aufbiegen. Auf vorgewärmten Tellern mit den Zitronen servieren.

134 Fisch

Wein

Seit mehr als 2500 Jahren produziert Italien Wein. Bereits römische Legionen brachten den Wein bis in die entlegensten Winkel des Kaiserreichs und waren damit zum größten Teil für die Verbreitung des Weinbaus in Westeuropa verantwortlich. Wein ist eine Lebensphilosophie auf dieser großen Halbinsel, wo Brot, Wein und Olivenöl über Jahrhunderte die heilige Dreifaltigkeit der Ernährung waren.

Heute ist Italien der größte Weinproduzent der Welt, Lieferant von fast einem Viertel der weltweiten Gesamtproduktion. Obwohl große Mengen Wein direkt in Italien verbraucht werden, der durchschnittliche Jahresverbrauch liegt bei 120 Flaschen pro Kopf, nimmt die Menge des weltweit exportierten Weins zu. Sie werden deshalb nicht überrascht sein, in den Regalen Ihres Weinhändlers oder im nächsten Supermarkt eine große Auswahl an guten italienischen Weinen vorzufinden.

Italienische Weine sind unter denen aus anderen Ländern leicht zu erkennen, da die meisten aus einheimischen Rebsorten hergestellt werden. Die wahrscheinlich bekanntesten sind Trebbiano, Frascati und Orvieto. Italiens Weine unterscheiden sich auch untereinander merklich in ihrer Charakteristik, die auf zahlreichen Faktoren beruht, wie Boden, Klima, Rebsorten und der jeweiligen Anbaumethode.

1963 verabschiedete Italien ein Gesetz, das den landesweiten Schutz namhafter Weine aus bestimmten Anbaugebieten garantiert. Es handelt sich um die Bezeichnung „Denominazione di origine controllata" (D.O.C.), was das italienische Pendant zu Frankreichs „Appelation d´Origine Controllee" ist. Es bedeutet, nur in einem gesetzlich abgegrenzten Gebiet produzierte Weine dürfen auch unter dem Namen dieser Region verkauft werden. Die Buchstaben D.O.C. bedeuten auch, dass der Wein einen besonderen Ruf und Wert hat. Zusätzlich dazu gibt es die seltenere Bezeichnung, D.O.C.G. – nicht nur kontrolliert (C.), sondern auch garantiert (G.) – die wirklich hervorragende Weine auszeichnet. Kürzlich entstand eine weitere Kategorie für Weine mit geringerem Wert, die „Indicazione geografica tipica" (IGT), vergleichbar mit „Vin de pays" in Frankreich oder „Landwein" in Deutschland.

Das Problem mit diesen Vorschriften ist, dass sie ziemlich kompliziert sind und dem Verbraucher letztendlich nicht viel sagen. Vergleichen Sie dieses System z.B. mit dem in Frankreich, wo es eine klare geographische Aufteilung in „Appellations" gibt, oder mit dem leicht zu verstehenden Kalifornischen System. In beiden Fällen wissen Sie genau, wofür Sie Ihr Geld ausgeben: in Frankreich ist es ein Wein, der in einer genau definierten geographischen Lage entstanden ist und in Kalifornien ist es eine bestimmte Art Wein, die aus einer bestimmten Rebsorte hergestellt wurde. In Italien dagegen wissen Sie nicht unbedingt so genau, was Sie kaufen, da man auch den Weinen einen geographischen Namen gibt, die zwar mit den selben Rebsorten, aber außerhalb des eigentlichen geographischen Anbaugebiets entstanden sind. Chianti, zum Beispiel, wird in großen Teilen der Toskana produziert, zwischen Florenz und Siena, weit von der Gegend um Castellina entfernt, wo der Chianti seinen Ursprung hatte.

136 Wein

Regionale Unterschiede

Jede Region in Italien produziert ihren eigenen Wein – von den Alpen im Norden bis zu den Mittelmeerinseln, die näher an Afrika liegen, als beim italienischen Festland. Wo auch immer Sie in Italien sind, wird es deshalb immer eine große Auswahl an regionalen Weinen geben, die meistens bemerkenswert gut sind. Nicht zuletzt aus finanziellen Gründen ist es oft besser den Wein aus der jeweiligen Gegend zu trinken; in vielen Fällen stellt sich auch die Karaffe Hauswein als überraschend gut heraus. Im Piemont zum Beispiel (was im italienischen „am Fuße des Berges" bedeutet), produziert man den herausragenden Barolo und den Barbera, einen zumeist robusten Wein für jeden Tag, der in der ganzen Region wächst. Dort gibt es ebenso wie den Barbaresco den bekannten Schaumwein Asti Spumante. Im Veneto wird mehr Wein als in allen anderen Regionen produziert – abgesehen von Sizilien und Apulien – und dort bekommen Sie Valpolicella, Soave, den beliebten frischen Weißwein, und Bardolino. Aus der Emilia-Romagna stammt Lambrusco, ein schäumender, fruchtiger Wein, der jung getrunken wird. Im Latium – dessen Hauptstadt Rom ist – entsteht der Frascati, der wichtigste und bekannteste Wein, der auf den vulkanischen Hügeln südöstlich von Rom gedeiht. In Umbrien produziert man Orvieto, einen beliebten, leichten Weißwein und von den wunderschönen Hügeln und Tälern der Toskana kommt der köstliche Chianti classico, der wahrscheinlich bekannteste Wein Italiens. In ganz Italien ist so viel regionaler Wein erhältlich, dass er nicht nur getrunken wird, sondern als wichtige Zutat bei zahlreichen Gerichten Bedeutung hat und dabei für guten Geschmack und zartes Fleisch sorgt. Trockene Weiß- und Rotweine werden für Fleisch- und Geflügelgerichte, wie zum Beispiel das Geschmorte Rindfleisch in Barolo (s. S. 168), für Fischeintöpfe und Suppen, z.B. die Sizilianische Fischsuppe (s. S. 28) und auch für Risotto, wie das Rotwein-Risotto (s. S. 70), verwendet. Marsala, der süße, starke, sizilianische Wein, wird in vielen italienischen Süßspeisen und auch für Rezepte mit Huhn, Kalb, Ente und Schinken verwendet.

Welcher Wein zu welchem Essen?

Die leichteren italienischen Weine, wie Valpolicella, passen perfekt zur Mehrheit der Pastagerichte und zu Pizza. Probieren Sie diese Weine auch einmal zu gegrilltem Fleisch. Die großen, kräftigen Roten, wie Barolo, Barbaresco und Gattinara, sind hervorragend zu gehaltvollen Eintöpfen mit Fleisch, Wildgerichten, Risotto und zu Käse. Barbera, ein Roter aus dem Piemont, passt besonders gut zum Parmaschinken aus der benachbarten Emilia-Romagna. Chianti und Valpolicella sind ideal zu den traditionellen herzhaften Suppen aus dem Norden Italiens, „La Ribollita" oder zur toskanischen Bohnen-Gemüse-Suppe (s. S. 26). Chianti passt auch zu Pasta und Grillgerichten. Die Weißweine des Veneto, zu denen Pinot Grigio und Soave gehören, sind perfekte Begleiter zu den zahlreichen regionalen Fischgerichten. Pinot Grigio harmonisiert auch gut mit Feigen und besonders gut mit Spargel – das sollte man sich merken, da es nicht viele Weine gibt, bei denen das der Fall ist. Versuchen Sie auch den weichen Frascati, wenn Sie im Sommer draußen essen und zu Nachspeisen am besten den süßen Asti Spumante. Vin Santo, ein süßer und kräftiger, in Eichenfässern gereifter Dessertwein, ist ideal um Biscotti darin einzutunken.

Alkoholverstärkte Weine

Diese Weine sind stärker und hochprozentiger als normale Weine und ausgezeichnet zum Kochen geeignet. Marsala zum Beispiel, ein gehaltvoller Wein aus Sizilien, wird sowohl zum Würzen von süßen als auch von herzhaften Gerichten verwendet, wie z.B. für die Kalbsschnitzel mit Salbei (s. S. 174). Es gibt ihn süß oder trocken. Der Trockene wird als Aperitif getrunken, der Süße als Dessertwein. Zum Kochen verwendet man am besten einen halbtrockenen, der nach dem Öffnen über Monate hält. Trockener weißer Vermouth ist ein weiterer exzellenter Wein, der in der Küche Verwendung findet und vielen schmackhaften Gerichten ein köstliches Aroma verleiht.

Wein **137**

Rotbarben mit Orangen

Für: **4 Personen**

Vorbereitungszeit: 25 Minuten

Garzeit: 20 Minuten

Temperatur: 190°C/Gas Stufe 3

4 x 250g Rotbarben, ausgenommen und geschuppt
2 unbehandelte Blutorangen
2 EL Olivenöl, plus Öl zum Einpinseln
8 Lorbeerblätter
Salz und Pfeffer

1 Schneiden Sie 4 Quadrate Backpapier zurecht, die groß genug sind, um die Fische lose einzuwickeln. Mit etwas Olivenöl einpinseln.

2 Reiben Sie die Orangenschale dünn ab und vermischen Sie sie mit dem Olivenöl, Salz und Pfeffer. Schälen Sie die Orangen mit einem scharfen Messer und entfernen Sie dabei auch die weiße Haut vollständig. Schneiden Sie die Orangen in dünne Scheiben. Legen Sie je ein Lorbeerblatt in die Bauchhöhle der Rotbarben und eines auf die Fische.

3 Die eine Hälfte der Orangenscheiben auf die Backpapierstücke legen, darauf eine Rotbarbe und die restlichen Orangen verteilen. Mit dem gewürzten Olivenöl beträufeln.

4 Falten Sie das Backpapier über den Fisch und schlagen Sie die Ecken ein, so dass kleine Päckchen entstehen. Auf einem Backblech im vorgeheizten Ofen bei 190°C/Gas Stufe 3 in 20 Minuten garen. Sofort servieren und erst am Tisch die Päckchen öffnen.

Rotbarben mit Minzsauce

Dieses alte arabische Rezept ist heute immer noch in Palermo gebräuchlich. Die Rotbarben müssen nicht ganz durchgegart werden, nur 1–3 Minuten auf jeder Seite, je nach Größe.

Für: 6 Personen

Vorbereitungszeit: 10 Minuten

Garzeit: 2–6 Minuten

1 kg Rotbarben, gereinigt und geschuppt
50 g Semmelbrösel
3 EL Weißweinessig
3 EL gehackte Minze
3 EL gehackte Petersilie
1 EL gesalzene Kapern, abgespült
1 Ei, verquirlt
2 TL Zucker
2 TL Sardellenpaste oder 2 Sardellenfilets, abgetropft
150 ml fruchtiges Olivenöl, plus Öl zum Braten
Mehl, zum Bestäuben
Salz und Pfeffer
ZUM GARNIEREN
Zitronenstücke
Minzzweige

1 Die Semmelbrösel mit 2 EL Essig und wenig Wasser befeuchten. Einige Minuten stehen lassen, dann ausdrücken.

2 Die Brösel mit der Minze, Petersilie, Kapern Ei, Zucker und Sardellenpaste in einen Mixer geben und zu einer glatten Paste vermischen. Dann das Olivenöl nach und nach langsam dazugießen, während der Mixer weiterläuft. Mit Salz, Pfeffer und eventuell mit dem restlichen Essig abschmecken, bis die Sauce leicht süß-sauer schmeckt.

3 Würzen Sie die Fische mit Salz und Pfeffer und bestäuben Sie sie leicht mit Mehl. Die Rotbarben auf jeder Seite 1–3 Minuten braten und auf einer vorgewärmten Platte anrichten. Mit den Zitronenstücken umlegen und die Minzsauce getrennt servieren.

Thunfischsteaks mit Balsamico-Essig und Basilikum

Dies ist eine moderne Variante der italienischen Zubereitungsart agro-dolce, oder süß-sauer.
Die Sojasauce ist allerdings nicht typisch italienisch.

Für: **4 Personen**

Vorbereitungszeit: 10 Minuten, plus Marinierzeit

Garzeit: 8 Minuten

4 x 175g Thunfischsteaks mit Haut
2 EL Aceto Balsamico
2 TL Sojasauce
75 ml Olivenöl extra vergine
50 g Basilikumblätter, plus einige Blätter zum Garnieren
Salz und Pfeffer

1 Verrühren Sie den Aceto Balsamico mit der Sojasauce und marinieren Sie damit die Thunfischsteaks in einer Schüssel. Zugedeckt mindestens 30 Minuten im Kühlschrank ziehen lassen.

2 Das Basilikum mit dem Olivenöl in einem Mixer zu einer Paste verrühren. Mit Salz und Pfeffer abschmecken und zugedeckt in einer Schüssel ziehen lassen.

3 Den Grill oder Holzkohlengrill vorheizen. Nehmen Sie den Thunfisch aus der Marinade und grillen Sie die Steaks in einer Alu-Grillpfanne etwa 4 Minuten auf jeder Seite, dabei immer wieder mit der Marinade bestreichen.

4 Das Basilikumöl nochmals durchrühren und zum Servieren über die Thunfischsteaks verteilen; mit den restlichen Basilikumblättern garnieren.

PRODUKTINFO • Aceto Balsamico wird aus Traubenmost hergestellt und im Idealfall jahrzehntelang gelagert. Er ist der König unter den Essigen und verleiht vielen Gerichten eine süß-saure Note.

Gegrillte Schwertfischröllchen

Diese Fischröllchen schmecken zusammen mit den gefüllten Sardinen (siehe Seite 150) einfach köstlich.

Für: 4 Personen

Vorbereitungszeit: 25 Minuten, plus Ruhezeit

Garzeit: 12 Minuten

8 x 5 mm dünne Scheiben Schwertfisch, zusammen etwa 750 g
1 Knoblauchzehe, zerdrückt
1 EL gehackten Salbei
2 getrocknete Lorbeerblätter, im Mörser zerstoßen
1 EL gehackten Rosmarin
1 TL getrocknete Chiliflocken
1 Mozzarella, ca 150 g, abgetropft und in kleine Würfel geschnitten
8 Scheiben Weißbrot, entrindet und zu Bröseln verarbeitet
2 EL frisch geriebenen Parmesan oder Pecorino
1 TL getrockneten Oregano
2 Eier, verrührt
frische Lorbbeerblätter
2 Zitronen, in Stücke geschnitten
4 kleine rote Zwiebeln, in Stücke geschnitten
Olivenöl zum Bestreichen
Salz und Pfeffer
Holzspieße

1 Weichen Sie einige Schaschlikspieße aus Holz mindestens 20 Minuten in kaltem Wasser ein.

2 Die Schwertfischscheiben zwischen zwei Stücke Frischhaltefolie legen und mit einem Holzhammer oder Nudelholz flach klopfen, dabei aber das Fleisch nicht verletzen.

3 Vermischen Sie Knoblauch, Salbei, Lorbeer, Rosmarin und Chili mit dem Mozzarella. Die Mischung auf die Fischscheiben verteilen und mit Salz und Pfeffer würzen.

4 Jede Scheibe vorsichtig aufrollen und eventuell mit einem Zahnstocher fixieren. Mit etwas Olivenöl bestreichen und mindestens eine Stunde im Kühlschrank ruhen lassen.

5 Vermischen Sie die Brösel mit dem Parmesan oder Pecorino und dem Oregano. Nun jedes Fischröllchen zuerst in den verrührten Eiern und dann in der Bröselmischung wenden. Die Röllchen abwechselnd mit den frischen Lorbeerblättern, Zitronen- und Zwiebelstücken auf zwei parallele Holzspieße stecken.

6 Die Fischspieße mit Olivenöl beträufeln und im Grill oder auf dem Holzkohlengrill auf jeder Seite etwa 6 Minuten garen.

PRODUKTINFO • Mozzarella ist ein weißer Frischkäse, mit weicher, elastischer Konsistenz und einem leicht säuerlichen, milchigen Geschmack. Er wird zu Kugeln geformt und in kleinen Tüten mit etwas Lake verpackt, damit er saftig bleibt. Er schmeckt sowohl frisch im Salat, als auch geschmolzen zu Pizza, Pasta oder Fischröllchen.

Seeteufel in Salsa d´Agrumi

Agrumi ist der Sammelbegriff für alle Arten von Zitrusfrüchten, die wunderbar zu Fischgerichten passen.

Für: 4 Personen

Vorbereitungszeit: 20 Minuten

Garzeit: 10 Minuten

875 g Seeteufel
Mehl, zum Bestäuben
2 EL Olivenöl
abgeriebene Schale und den Saft von
  je 1 unbehandelten Zitrone und Orange
150 ml trockener Weißwein
2 EL gehackte Petersilie
Salz und Pfeffer
ZUM GARNIEREN
unbehandelte Orangenzesten
Petersilie
Orangen- und Zitronenstücke

1 Säubern Sie den Seeteufel von allen Häuten und dunklen Stellen. Entfernen Sie die Mittelgräte, indem Sie den Fisch in der Mitte aufschneiden und das Fleisch mit der Messerspitze von der Gräte schaben. Den Fisch umdrehen und auch auf der anderen Seite das Fleisch von der Gräte lösen. Dann in große Stücke schneiden und leicht in Mehl wenden, das mit Salz und Pfeffer gewürzt wurde.

2 Das Öl in einer beschichteten Pfanne erhitzen und den Seeteufel von allen Seiten gut anbraten. Herausnehmen und auf einem Teller warmhalten.

3 Die Orangen- und Zitronenschale und den Saft mit dem Weißwein in der Pfanne rasch aufkochen, damit der Alkohol verdampft. Den Fisch in die Pfanne zurücklegen und bei geringerer Hitze in 3–4 Minuten fertiggaren. Streuen Sie die Petersilie darüber und würzen Sie mit Salz und Pfeffer nach. Den Fisch auf vorgewärmte Teller verteilen und die Sauce nochmals reduzieren. Über den Seeteufel verteilen, mit Orangen, Zitronen, Petersilie und den Orangenzesten garnieren und sofort servieren.

VARIATION • Diese Zitrussalsa schmeckt genauso köstlich zu Seezunge statt Seeteufel.

Gegrillter Schwertfisch mit gerösteten Mandeln und Petersilienpesto

Dieses Pesto mit Mandeln und Petersilie paßt zu jedem gegrillten, pochierten oder gebratenem Fisch.

Für: **4 Personen**

Vorbereitungszeit: 10 Minuten

Garzeit: 10 Minuten

125 g unbehandelte ganze Mandeln
1 Knoblauchzehe, zerdrückt
2 EL frisch geriebener Parmesan
50 g Petersilie, grob geschnitten
200 ml Olivenöl Extra Vergine
2 EL Ricotta
4 x 175 g Schwertfischsteaks
Olivenöl, zum Bestreichen
Salz und Pfeffer
Zitronenstücke zum Garnieren

1 Verteilen Sie die Mandeln auf einem Backblech und rösten Sie sie im vorgeheizten Grill unter gelegentlichem Wenden 2–3 Minuten, bis sie eine schöne goldene Farbe haben

2 Die Hälfte der Mandeln in einem Mixer zusammen mit dem Knoblauch, Parmesan, Petersilie, Olivenöl, Ricotta, Salz und Pfeffer zu einer glatten Paste verarbeiten. Die restlichen Mandeln nur grob hacken und unter das fertige Pesto rühren.

3 Die Schwertfischsteaks mit Olivenöl bestreichen und unter dem vorgeheizten Grill für 2–3 Minuten auf jeder Seite garen. Mit Salz und Pfeffer würzen und mit dem Pesto und den Zitronenstücken servieren.

PRODUKTINFO • Pesto ist eine klassische italienische Sauce hauptsächlich für Pasta. Normalerweise besteht sie aus Pinienkernen, Basilikum, Pecorino und Parmesan. Die Variante in diesem Rezept wird mit Mandeln und Petersilie hergestellt.

Sardinenröllchen

In diesem Rezept werden typische sizilianische Zutaten verwendet: Orangenschale und Orangensaft, Pinienkerne, Kapern und Korinthen. Normalerweise wird es als leichtes Mittagessen zubereitet, oder aber zusammen mit einem anderen Fischgang als Hauptgericht.

Für: **4 Personen**

Vorbereitungszeit: 25 Minuten

Garzeit: 10 Minuten

Temperatur: 200°C/Gas Stufe 3–4

16 frische Sardinen
50 g Pinienkerne, geröstet, plus einige zum
 Garnieren
50 g Korinthen
1 EL gesalzene Kapern, abgespült und gehackt
3 EL gehackte Petersilie
dünn abgeriebene Schale und Saft einer
 unbehandelten Orange
150 ml gutes Olivenöl
einige Lorbeerblätter
Salz und Pfeffer

1 Schuppen Sie die Sardinen, entfernen Sie die Köpfe und schneiden die Bauchseite auf. Unter fließendem, kalten Wasser die Fische ausnehmen. Mit dem Daumen das Fleisch von der Mittelgräte lösen und vom Kopfende beginnend die Mittelgräte herausziehen.

2 Die Pinienkerne mit den Korinthen, Petersilie, Kapern, Orangenschale, Salz und Pfeffer vermischen. Auf die Innenseite jeder Sardine einen Löffel dieser Füllung verteilen, vom Kopfende her aufrollen und eventuell mit einem Zahnstocher fixieren.

3 Legen Sie die aufgerollten Sardinen dicht nebeneinander in eine Auflaufform, die gerade groß genug für alle ist, wobei die Fischschwänze nach oben stehen sollten. Einige Lorbeerblätter dazwischenstecken und mit dem Orangensaft und dem Olivenöl begießen. Mit Salz und Pfeffer würzen und im vorgeheizten Backofen bei 200°C/Gas Stufe 3–4 10 Minuten garen. Aus dem Ofen nehmen, abkühlen lassen und bei Zimmertemperatur servieren.

Salmoriglio-Sauce zu gegrilltem Fisch

Wenn Sie diese Sauce über den heißen Fisch löffeln, haben Sie alle Aromen des Südens vereint. Zu diesem Rezept paßt der getrocknete Oregano besser als der frische Oregano, weil er intensiver und weniger bitter schmeckt. In Sizilien ist diese Sauce bei allen Arten von gegrillten Fisch und Meeresfrüchten, inklusive Tintenfisch und Garnelen, ausgesprochen beliebt.

Für: **4 Personen**

Zubereitungszeit: 10 Minuten

175 ml Olivenöl Extra Vergine
5 EL Zitronensaft
2 TL getrockneten Oregano
2 Knoblauchzehen, fein gehackt
2 EL gehackte Petersilie

1 Alle Zutaten gut miteinander verrühren, bis die Sauce dicklich wird. Erst im letzten Moment über den fertig gegrillten Fisch verteilen.

PRODUKTINFO • Oregano ist wilder Majoran und ein wenig kräftiger und würziger als sein Verwandter. Vor allem für Saucen und Pizze findet Oregano in Italien häufig Verwendung.

Spaghetti mit Hummersauce

Am besten schmeckt diese Sauce mit den kleinen Hummern, die vor der Südwest-Küste Siziliens gefangen werden

Für: **6 Personen**

Vorbereitungszeit: 10 Minuten

Garzeit: 25 Minuten

3 kleine, lebende Hummer, jeweils 400 g, ersatzweise fertig gegarte Hummerschwänze
750 g Spaghetti
3 EL Olivenöl
2–3 Knoblauchzehen, fein gehackt
einige Chiliflocken
1 Glas trockenen Weißwein
1 EL gehackte Petersilie, plus etwas Petersilie zum Garnieren
Salz und Pfeffer

1 Reichlich Salzwasser in einem großen Topf sprudelnd kochen lassen. Zuerst einen lebenden Hummer mit dem Kopf voraus in das Wasser geben, 2 Minuten kochen lassen, mit kaltem Wasser abschrecken, das Wasser wieder zum Kochen bringen und mit dem zweiten Hummer genauso verfahren. Den dritten Hummer 10 Minuten kochen, abkühlen lassen und das Fleisch auslösen und kleinschneiden.

2 Die Spaghetti ebenfalls in einem großen Topf mit Salzwasser entsprechend der Packungsanweisung kochen.

3 Während die Nudeln kochen, halbieren Sie die beiden nur kurz gegarten Hummer mit einem großen, scharfen Messer der Länge nach. Entfernen Sie den Magensack und hacken Sie die Hummer in größere Stücke.

4 Das Öl in einem Topf erhitzen und den Knoblauch, Chili und die zerhackten Hummerteile dazugeben. Einige Minuten sautieren und dann den Weißwein darübergießen. Aufkochen lassen, das feingeschnittene Hummerfleisch und die Petersilie unterrühren und mit Salz und Pfeffer anschmecken.

5 Die frisch gekochten Spaghetti mit der Hummersauce vermischen, mit Petersilie garnieren und genießen. Die Hummerstücke mit Schale ißt man am besten mit den Fingern, dann ist der lustvolle Genuss am Größten.

Springende Tintenfische süß-sauer mit Auberginen

Diesen ungewöhnlichen Namen hat das Rezept, weil die Tintenfische beim Braten umherspringen, wenn die Pfanne richtig heiß genug ist.

Für: **4 Personen**

Vorbereitungszeit: 20 Minuten, plus Marinierzeit

Garzeit: 15 Minuten

750 g kleine Tintenfische
2 kleine, rote Chilies, entkernt und gehackt
2 Knoblauchzehen
1 EL Zucker
dünn abgeriebene Schale und den Saft einer
  unbehandelten Zitrone
4 EL Olivenöl
Pflanzenfett, zum Frittieren
2 Auberginen, sehr dünn geschnitten
Salz und Pfeffer
Zitronenstücke zum Servieren

1 Um die Tintenfische zu putzen, zuerst den Kopf mit den Fangarmen abschneiden und das transparente Fischbein entfernen. Die Haut vom Körper abziehen, waschen, abtrocknen und in Ringe schneiden. Die Fangarme vom Kopf abtrennen, und zwar so, dass sie durch einen dünnen Fleischring verbunden bleiben.

2 In einem Mixer die Chilies, Knoblauch, Zucker, Zitronenschale und Zitronensaft und das Olivenöl zu einer glatten Paste verrühren.

3 Die Tintenfischstücke in der Chilimarinade wenden und mindestens 2 Stunden zugedeckt ruhen lassen.

4 Während die Tintenfische marinieren, erhitzen Sie das Pflanzenöl in einer großen Pfanne. Die Auberginenscheiben darin nach und nach frittieren, bis sie braun und knusprig sind. Auf Küchenpapier abtropfen lassen und auf einer vorgewärmten Platte warmhalten.

5 Den Tintenfisch aus der Marinade nehmen, diese aber aufbewahren.

6 Eine schwere Bratpfanne stark erhitzen, wenig Öl dazugeben und den Tintenfisch unter Rühren in der sehr heißen Pfanne 1–2 Minuten sautieren, bis der Zucker karamelisiert ist. Den Tintenfisch über die Auberginenscheiben legen und die restliche Marinade in der Pfanne erwärmen. Die Sauce darübergießen und mit der Zitrone servieren.

Muscheln alla Marinara

Für: **4 Personen**

Vorbereitungszeit: 15 Minuten

Garzeit: 10 Minuten

2 kg frische Miesmuscheln
3 EL Olivenöl
4 Knoblauchzehen, fein gehackt
150 ml trockener Weißwein
400 g gehackte Tomaten aus der Dose
1 kleine frische rote Chili, entkernt und fein gehackt
4 EL gehackte Petersilie
Salz und Pfeffer
frisches Weißbrot, zum Servieren

1 Putzen Sie die Muscheln und entfernen Sie die Bärte. Mehrmals in frischem Wasser waschen und bereits geöffnete Muscheln wegwerfen.

2 Das Öl in einem sehr großen Topf erhitzen und den Knoblauch anbraten. Wein, Tomaten, Chili und die Hälfte der Petersilie dazugeben und aufkochen. Mit Salz und Pfeffer würzen, die Muscheln in den Topf geben und abdecken. Einige Minuten köcheln lassen, bis alle Muscheln geöffnet sind, dabei den Topf gelegentlich schütteln. Die Muscheln, die noch immer verschlossen sind, wegwerfen.

3 Zum Servieren die Muscheln mit der restlichen Petersilie bestreuen und mit frischem Weißbrot servieren.

Gemischte frittierte Meeresfrüchte

Alle Arten von Meeresfrüchten können mit diesem leichten Teig umhüllt werden, der in Italien Pastella heißt. Dieses Rezept ist schnell fertig und schmeckt am besten mit den Fingern.

Für: **4–6 Personen**

Vorbereitungszeit: 20 Minuten

Garzeit: 15 Minuten

175 g gehäutetes Seezungen- oder
   Rotbarbenfilet, frische Sardinen oder Sardellen
175 g geputzter Tintenfisch
175 g mittelgroße rohe Garnelen, geschält
175 g Sprotten
175 g frische, gekochte Muscheln, ausgelöst
Pflanzenöl, zum Frittieren
Salz
Zitronenviertel, zum Servieren
PASTELLA
450 g kaltes Wasser
150 g Mehl
eine Prise Salz

1 Für die Pastella geben Sie das Wasser in eine Schüssel und sieben das gesalzene Mehl unter ständigem Rühren hinein, bis Sie einen glatten Teig haben.

2 Die Fischfilets in Streifen, die Tintenfische in Ringe schneiden und die Fangarme abtrennen. Alle Meeresfrüchte auf Küchenpapier gut abtrocknen.

3 Das Öl in einer Fritteuse oder in einem großen Topf auf 180°C erhitzen. Wenn eine Brotkrume in das Öl fällt und ständig bruzzelt, ist die Temperatur richtig.

4 Nacheinander zuerst die Tintenfische, dann die Fischfiletstreifen in dem Teig wenden, 2–3 Minuten frittieren, auf Küchenpapier abtropfen lassen und warmhalten.

5 Anschließend die Garnelen 3–5 Minuten frittieren, dann die Sprotten 3–4 Minuten und schließlich die Muscheln für eine Minute in das heiße Fett geben. Mit Küchenpapier gut entfetten.

6 Alle frittierten Meeresfrüchte vorsichtig vermischen und salzen. Auf einer vorgewärmten Platte mit den Zitronenvierteln servieren.

Thunfischburger

Diese würzigen, kleinen Häppchen aus handgehacktem Thunfisch werden in der Pfanne gebraten oder gegrillt – und schmecken warm genauso lecker wie kalt.

Für: **6 Personen**

Vorbereitungszeit: 25 Minuten, plus Ruhezeit

Garzeit: 12 Minuten

500 g frischer Thunfisch, ohne Haut und Gräten
50 g Semmelbrösel
ca 125 ml Milch
2 EL Korinthen
2 EL Pinienkerne
2 EL gehackte Petersilie
2 EL frisch geriebener Pecorino oder Parmesan
1 Ei, verrührt
Mehl, zum Bestäuben
Salz und Pfeffer
Olivenöl, zum Braten
Tomatensauce (siehe Seite 84), zum Servieren
ZUM GARNIEREN
Zitronenstücke
Basilikum

1 Den Thunfisch mit einem scharfen Messer fein hacken. Verwenden Sie keinen Mixer dafür.

2 Die Brösel mit der Milch befeuchten und 10 Minuten ziehen lassen.

3 Den Thunfisch mit den eingeweichten Bröseln in eine Schüssel geben und die restlichen Zutaten hinzufügen. Formen Sie 12–18 kleine Burger und lassen Sie sie abgedeckt mindestens eine Stunde im Kühlschrank ruhen.

4 Die Thunfischburger in Mehl wenden und in einer großen Pfanne in dem Olivenöl anbraten, bis sie braun werden. Dann die Hitze reduzieren und weitere 10 Minuten braten, dabei einmal wenden. Mit den Zitronenstücken und dem Basilikum garnieren und mit der Tomatensauce servieren.

Fleisch, Geflügel und Wild

Gebratene Schweinelende mit Rosmarin und Knoblauch

Der Duft der Porchetta-Stände auf den italienischen Märkten läßt einem das Wasser im Munde zusammenlaufen. Dabei werden ganze Schweine entbeint, mit Kräutern gefüllt und wieder zusammengebunden. Über Nacht werden sie auf Holzfeuer gebraten und aufgeschnitten in Semmeln verkauft. Für das Porchetta zuhause lassen Sie sich die Lende von Ihrem Metzger entbeinen und die Haut ablösen und einschneiden, damit sie knusprig wird.

Für: **6 Personen**

Vorbereitungszeit: 25 Minuten

Garzeit: 1½ Stunden

Temperatur: 240°C/Gas Stufe 5–6

1,75 kg Schweinelende, entbeint
6 große Knoblauchzehen
4 EL gehackter Rosmarin
2 EL Olivenöl
300 ml trockener Weißwein
4 Rosmarinzweige
Salz und Pfeffer
Weißbrot zum Servieren

1 Legen Sie die Lende mit der fetten Seite auf ein Brett und schneiden Sie tiefe Einkerbungen in das Fleisch, vor allem in dem dicken Teil der Lende.

2 Den Knoblauch und den Rosmarin zusammen mit mindestens je 1 TL Salz und Pfeffer in einem Mixer zu einer Paste verarbeiten. Drücken Sie diese Gewürzpaste in die Einschnitte im Fleisch und verreiben Sie den Rest auf der Lende. Dann das Fleisch aufrollen und mit einem Faden zusammenbinden.

3 Wiegen Sie das Fleisch und rechnen Sie pro 500g mit 25 Minuten Garzeit. In einer Pfanne das Olivenöl erhitzen und das Fleisch von allen Seiten anbraten, bis es schön gebräunt ist. In einen Bräter legen, den Wein angießen und die Rosmarinzweige dazulegen.

4 Die Schweineschwarte mit Salz und etwas Öl bestreichen und in einen anderen Bräter oder auf einen Grillrost mit Fettpfanne legen. Im vorgeheizten Ofen bei 240°C/Gas Stufe 5–6 die Schwarte auf der obersten Schiene und die Lende auf der unteren oder mittleren Schiene 20 Minuten lang braten. Dann die Hitze auf 200°C/Gas Stufe 3–4 reduzieren und für den Rest der berechneten Zeit weiterbraten, dabei gelegentlich begießen.

5 Servieren Sie die Schweinelende mit der knusprigen Schwarte und dem Bratensaft zusammen mit frischem Weißbrot.

Geschmortes Rindfleisch in Barolo

Barolo ist ein körperreicher, kräftiger Rotwein aus dem Piemont. Er wird wie der Barbaresco aus der Rebsorte Nebbiolo hergestellt und benötigt einige Jahre, bis er getrunken werden kann. Normalerweise wird ein ganzes Stück Rindfleisch in Barolo mariniert, dann langsam geschmort, aufgeschnitten und mit der Sauce serviert. Bei dieser Version wird der Wein vor dem Kochen reduziert um den Geschmack zu intensivieren und das Fleisch wird schon vorher in Stücke geschnitten. Nach der langen Garzeit ist die Sauce dunkel, kräftig und absolut köstlich.

Für: **6–8 Personen**

Vorbereitungszeit: 35 Minuten, plus Marinierzeit

Garzeit: 2–3 Stunden

Temperatur: 160°C/Gas Stufe1–2

2 Flaschen Barolo, Barbaresco oder Nebbiolo
1,5 kg Rindfleisch zum Schmoren, in nicht zu kleine Stücke geschnitten
2 Zwiebeln, grob geschnitten
2 Karotten, geschnitten
1 Stange Sellerie, geschnitten
2 Lorbeerblätter
2 große Thymianzweige
6 Pfefferkörner
3 EL Olivenöl
2 EL Tomatenmark
Rinderbrühe
Salz und Pfeffer
gehackte Petersilie, zum Servieren

1 Den Wein in einem Topf bei großer Hitze auf die Hälfte seiner Menge reduzieren und abkühlen lassen.

2 Geben Sie das Fleisch zusammen mit den Zwiebeln, Karotten, Sellerie, Lorbeerblättern, Thymian und Pfeffer in einen großen, stabilen Gefrierbeutel und gießen Sie den reduzierten Wein dazu. Gut verschließen, ein wenig durchschütteln, damit sich die Zutaten gut vermischen und über Nacht im Kühlschrank marinieren lassen.

3 Am nächsten Tag den Beutelinhalt über einem Topf in ein Sieb gießen und die Fleischstücke herausnehmen. Das Fleisch mit Küchenpapier gut abtrocknen.

4 Das Öl in einem Topf erhitzen und die Fleischstücke nach und nach scharf anbraten. Dann alle Fleischstücke wieder zurück in den Topf geben und die Gemüse und Gewürze der Marinade dazurühren.

5 Das Tomatenmark unterrühren und den Wein angießen. Mit soviel Brühe auffüllen, bis Fleisch und Gemüse vollständig bedeckt sind und einmal aufkochen lassen. Die Hitze reduzieren und 2–3 Stunden leise köcheln lassen bis das Fleisch weich ist, aber nicht zerfällt. Alternativ dazu können Sie das Fleisch auch im vorgeheizten Backofen bei 160°C/Gas Stufe 1–2 für 2–3 Stunden schmoren. Wenn die Sauce zu schnell verdampft, mit Brühe aufgießen.

6 Das Fleisch aus der Sauce heben und in eine Schüssel legen. Die Lorbeerblätter entfernen und die Sauce in einem Mixer pürieren. Mit Salz und Pfeffer abschmecken und nocheinmal reduzieren, wenn die Sauce noch nicht dick genug ist.

7 Das Fleisch wieder in die Sauce legen und wieder erwärmen. Mit Petersilie bestreut servieren.

Würzige Filetsteaks

In Italien wird kurzgebratenes Fleisch am liebsten blutig gegessen. Diese Steaks hier werden mit einer pikanten und gehaltvollen Sauce serviert.

Für: **4 Personen**

Vorbereitungszeit: 10 Minuten

Garzeit: 15 Minuten

2 EL Olivenöl
4 Filetsteaks, jeweils ca. 175 g
2 EL Balsamicoessig
75 ml trockener Rotwein
4 EL Rinderbrühe (siehe Seite 8)
2 Knoblauchzehen, gehackt
1 TL zerstoßene Fenchelsamen
1 TL Püree aus getrockneten Tomaten
½ TL zerstoßene Chilies
Salz und Pfeffer
ZUM GARNIEREN
gehackte Petersilie
Rucola (nach Belieben)

1 Das Öl in einer beschichteten Pfanne stark erhitzen, die Steaks hineinlegen und auf jeder Seite 2 Minuten braten, falls Sie Ihr Fleisch halb blutig bevorzugen.

2 Die Steaks aus der Pfanne nehmen, mit Salz und Pfeffer würzen und warmhalten. Essig, Rotwein und Brühe in die Pfanne gießen, aufkochen lassen und dabei die Bratrückstände vom Pfannenboden lösen.

3 Den Knoblauch, Fenchel und die Chilies in die Pfanne geben und das Tomatenpüree unterrühren. Die Sauce reduzieren bis sie fast sirupartig ist.

4 Die Steaks auf vorgewärmte Teller verteilen und den ausgetretenen Fleischsaft zur Sauce gießen. Nochmals erhitzen und mit Salz und Pfeffer abschmecken. Über das Fleisch verteilen und sofort mit Petersilie und eventuell Rucola garniert servieren.

Kalbsschnitzel mit Zitrone

Für: **4 Personen**

Vorbereitungszeit: 10 Minuten

Garzeit: 10 Minuten

4 große Kalbsschnitzel, jeweils ca. 175 g
Mehl, zum Bestäuben
1 EL Olivenöl
50 g Butter
abgeriebene Schale und Saft einer
  unbehandelten Zitrone
150 ml trockener Weißwein
2 EL gehackte Petersilie
Salz und Pfeffer
Petersilie, zum Garnieren
Zitronenstücke, zum Servieren

1 Entfernen Sie eventuell vorhandene Knorpel vom Rand der Schnitzel. Das Fleisch zwischen zwei Stücke Frischhaltefolie legen und mit einem Fleischklopfer oder einem Nudelholz dünn klopfen, ohne jedoch das Fleisch zu zerreißen. Bestäuben Sie die Schnitzel mit wenig Mehl.

2 Öl und Butter zusammen in einer Pfanne erhitzen. Sobald das Fett aufschäumt, das Fleisch in die Pfanne legen und bei kräftiger Hitze auf jeder Seite 2 Minuten braten. Die Schnitzel herausnehmen und warmhalten.

3 Gießen Sie den Wein und Zitronensaft in die Pfanne, Zitronenschale dazu und aufkochen lassen. Dabei die Bratrückstände vom Pfannenboden lösen und verrühren. Mit Salz und Pfeffer abschmecken und die Petersilie hinzufügen. Die Sauce über das Fleisch verteilen und mit Petersilie und Zitronenstücken servieren.

VARIATION • Anstelle von Kalbfleisch können Sie für dieses Rezept auch sehr gut Truthahnfleisch verwenden.

Saltimbocca

Für: **4 Personen**

Vorbereitungszeit: 15 Minuten

Garzeit: 10 Minuten

8 x Kalbsschnitzel je 125 g
8 Scheiben Parma- oder anderer roher Schinken
8 Salbeiblätter
Mehl, zum Bestäuben
125 g Butter
200 ml Marsala
Salz und Pfeffer
Salbeiblätter zum Garnieren

1 Entfernen Sie eventuell vorhandene Knorpel vom Rand der Schnitzel. Das Fleisch zwischen zwei Stücke Frischhaltefolie legen und mit einem Fleischklopfer oder einem Nudelholz dünn klopfen, ohne jedoch das Fleisch zu zerreißen.

2 Die Schnitzel mit wenig Salz würzen. Je eine Scheibe Schinken und ein Salbeiblatt darauflegen und mit Zahnstocher feststecken. Leicht mit Mehl bestäuben.

3 Die Hälfte der Butter in einer Pfanne erhitzen und die Schnitzel nacheinander auf jeder Seite 2 Minuten lang braten, bis sie eine goldbraune Farbe haben. Aus der Pfanne nehmen und warmhalten.

4 Gießen Sie den Marsala in die Pfanne und kratzen Sie mit einem Kochlöffel die Bratrückstände vom Pfannenboden. Kurz aufkochen, dann die restliche Butter dazugeben und noch eine Minute kochen lassen. Die Sauce über das Fleisch verteilen und mit Salbeiblättern garniert sofort servieren.

VARIATION • Anstatt Marsala können Sie auch Sherry für die Sauce verwenden und Truthahn eignet sich statt Kalb ebenso ausgezeichnet für dieses Rezept.

Lammkeule in Wein und Wacholder

Bei dieser römischen Zubereitungsart geben die gesalzenen Sardellen dem Lamm und der Sauce erst den richtigen Kick.

Für: **6 Personen**

Vorbereitungszeit: 20 Minuten

Garzeit: 1½ Stunden

Temperatur: 160°C/Gas Stufe 1–2

1,5 kg Lammkeule
2 EL Olivenöl
10 Wacholderbeeren, zerdrückt
3 Knoblauchzehen, zerdrückt
50 g gesalzene Sardellen, entgrätet und abgespült
1 EL gehackten Rosmarin
2 EL Balsamicoessig
2 Rosmarinzweige
2 Lorbeerblätter
300 ml trockener Weißwein
4–6 Thymianzweige
Salz und Pfeffer

1 Das Fett von der Lammkeule abschneiden. Das Öl in einem passenden Topf erhitzen und die Lammkeule von allen Seiten scharf anbraten, bis das Fleisch gebräunt ist. Aus dem Topf nehmen und abkühlen lassen.

2 Die Hälfte der Wacholderbeeren zusammen mit dem Knoblauch, Sardellen und Rosmarin in einem Mörser zerdrücken. Den Essig dazugießen und zu einer Paste verrühren.

3 Mit einem kleinen, scharfen Messer kleine Einschnitte in die Lammkeule schneiden. Das Fleisch mit der Paste einreiben und in die kleinen Einschnitte drücken. Zusätzlich mit Salz und Pfeffer würzen.

4 Legen Sie die Rosmarinzweige und die Lorbeerblätter in den Topf und plazieren Sie die Lammkeule darauf. Den Wein angießen und die restlichen Wacholderbeeren und den Thymian dazugeben. Den Topf zudecken, einmal aufkochen lassen und im vorgeheizten Backofen bei 160°C/Gas Stufe 1–2 etwa eine Stunde lang garen, dabei das Fleisch gelegentlich umdrehen.

5 Die Temperatur auf 200°C/Gas Stufe 3–4 erhöhen und den Topfdeckel abnehmen. Weitere 30 Minuten schmoren lassen, bis das Fleisch durchgegart und zart ist.

6 Die Lammkeule aus dem Topf nehmen und warmhalten. Die Sauce wenn möglich entfetten und eventuell etwas Wasser angießen. Aufkochen lassen und die Bratrückstände vom Topfboden lösen. Mit Salz und Pfeffer abschmecken und getrennt von dem Fleisch servieren.

Italienische Fleischbällchen

Für: 4 Personen

Vorbereitungszeit: 20 Minuten

Garzeit: 1 Stunde 20 Minuten

Temperatur: 180°C/Gas Stufe 2–3

2 Scheiben altbackenes Brot ohne Rinde
75 ml Milch
4 EL Öl
6 Frühlingszwiebeln oder 1 kleine Zwiebel,
  gehackt
1 Knoblauchzehe, gehackt
750 g mageres Rinderhackfleisch
2 EL frisch geriebener Parmesan
frisch geriebene Muskatnuss
300 ml trockener Weißwein
400 g gehackte Tomaten aus der Dose
2 Lorbeerblätter
Salz und Pfeffer
Basilikumblätter, zum Garnieren
Butternudeln, zum Servieren

1 Das Brot in eine große Schüssel bröseln, mit der Milch begießen und ziehen lassen.

2 Braten Sie die Zwiebeln in der Hälfte des Öls an, bis sie weich und leicht gebräunt sind.

3 Mischen Sie das Hackfleisch unter das Brot, Zwiebeln, Knoblauch und Parmesan dazugeben und mit Muskatnuss, Salz und Pfeffer abschmecken. Mit den Händen durchkneten, bis die Masse gut vermischt und glatt ist.

4 Den Fleischteig mit sauberen, angefeuchteten Händen zu 28 gleich großen Fleischbällchen rollen. Das restliche Öl in einer beschichteten Pfanne erhitzen und die Fleischbällchen nach und nach anbraten. Herausnehmen und in eine Auflaufform legen.

5 Tomaten und Wein in die Pfanne geben und aufkochen lassen. Den Bratrückstand vom Boden lösen, die Lorbeerblätter dazu und mit Salz und Pfeffer würzen. 5 Minuten kochen lassen.

6 Die Tomatensauce über das Fleisch verteilen, mit Alufolie abdecken und im vorgeheizten Backofen bei 180°C/Gas Stufe 2–3 etwa 1 Stunde garen. Als Beilage Nudeln in Butter schwenken und mit Basilikum garnieren.

VARIATION • Statt Rindfleisch können Sie auch Hackfleisch vom Schwein oder Kalb verwenden.

Regionale Küche

Die italienische Küche ist eine sehr regionale Küche und unterscheidet sich aufgrund der jeweiligen lokalen Erzeugnisse von einer Gegend zur anderen grundlegend. Eine kurze Tour durch das Land wird Ihnen diese regionalen Unterschiede verdeutlichen.

Piemont und Aostatal

Dies ist eines der bekanntesten Zentren der italienischen Gastronomie. Der Norden hat viele kulinarische Traditionen, die mit Frankreich verknüpft sind. Dazu gehört die Vorliebe für Kuchen, Gebäck und Desserts. Die Würste und Salamis aus Gänse- oder Schweinefleisch sind berühmt und Butter wird hier öfter zum Kochen verwendet als Olivenöl. Die Küche mit ihren vielen Fleisch- und Wildeintöpfen ist sehr herzhaft.

Lombardei

Historisch betrachtet gab es in dieser Region sowohl extremen Reichtum als auch extreme Armut. Spuren dieser gegensätzlichen Kulturen findet man noch heute, wie zum Beispiel reichhaltige Fleischeintöpfe und der einfache Polenta. Die Lombardei ist ein fruchtbarer Landstrich. Auch hier wird Butter und Sahne großzügig verwendet, zusammen mit zahlreichen berühmten Käse wie Taleggio, Gorgonzola und Mascarpone.

Ligurien

Ligurien war kurzzeitig ein Teil von Frankreich und man kann viele ähnliche Gerichte in der benachbarten Provence finden. Das klassischste unter ihnen ist Pesto, diese wundervolle grüne Sauce aus Basilikum, Pecorino und Pinienkernen. Ligurien ist das Land des Olivenöls, der Kräuter, des Fisches und der Gemüse. Pasta ist sehr beliebt, wobei Linguine und Trenette die großen Favoriten sind.

Trentino und Südtirol

In dieser bergigen und waldreichen Region werden Schweine gezüchtet, Pilze gesammelt und auf den Feldern wachsen Getreidearten wie Weizen, Buchweizen und Roggen. Auch Gnocchi und Polenta werden häufig verwendet, ebenso wie Sahne und Käse und aus den Gebirgsflüssen fängt man Forellen.

Venetien

In seiner Rolle als bedeutende Handelsstadt hat Venedig kulinarische Eigenheiten und Zutaten aus der ganzen Welt übernommen, besonders aus Arabien. Sehr viele Gerichte basieren auf Fisch und Meeresfrüchten, aber auch Schweine, Geflügel und Wild spielen eine Rolle. Beliebt sind auch Reis, Bohnen und Gemüse, mit Radicchio trevisiano als berühmtestem Vertreter.

Friaul und Julisch-Venetien

Der sanft gereifte San-Daniele-Schinken wird hier in den Hügeln hergestellt; Polenta ist der absolute Favorit als Beilage zu gegrilltem Wild. Hier gibt es alle bevorzugten Gerichte des Nordens, wie Kartoffelgnocchi, Bohnensuppe, Fleisch- und Wildeintöpfe, Risotto und Kuchen sowie Gebäck im Stil des benachbarten Österreichs.

Emilia-Romagna

Dies ist das Paradies für Feinschmecker, mit einer reichhaltigen Küche, die von den drei P´s – Pasta, Prosciutto, Parmesan – dominiert wird. Tomaten im Überfluß, ebenso wie Würste, z.B. die berühmte Mortadella. Der Aceto Balsamico stammt aus Modena und Fischsuppen liebt man hier über alles.

Toskana

Die toskanische Küche ist rustikal und einfach. Fleisch wird über offenem Holzfeuer gegrillt und als Geschmacksverbesserer verwendet man Wein, Salbei, Rosmarin und Basilikum. Wildschwein, Hase und Fasan sind ausgezeichnet, ebenso wie die Pilze. Hier ist ein Hauptanbaugebiete von Oliven und die toskanischen Öle gehören zu den besten in Italien. In dieser robusten Küche spielen Pecorino, Bohnen und Brot eine wichtige Rolle.

Umbrien

Diese Region im Landesinneren besitzt wie die Toskana eine ähnlich einfache Küche. Bei den Gerichten besinnt man sich auf die Jahreszeiten – im Herbst gibt es reichlich Pilze und Wild. Produkte aus Schweinefleisch, wie Würste, Salamis und Schinken gibt es im Überfluß und die beliebteste Art zu kochen ist das Grillen.

Marken

An der Adria-Küste liegt diese ruhige und ländliche Region, die reich an vielen Sorten Trüffel und Waldpilzen ist. Hier wird Pecorino aus Schafsmilch hergestellt, Polenta isst man hier mit Fleischsauce und Gemüse, wie Tomaten. Artischocken und Saubohnen wachsen hier neben wildem Fenchel und großen grünen Oliven. Auch Fischsuppen sind hier sehr beliebt.

Abbruzzen und Molise

Auch dies ist eine ruhige, ländliche Gegend mit Bergen und Tälern, wo mit Vorliebe Lamm, Schinken und Salami, Wild, Käse und Pilze gegessen werden. Einige der besten Linsensorten Italiens wachsen hier.

Latium

Hier wird einfach gekocht, unter Verwendung von Olivenöl, Wein, Knoblauch und Rosmarin. Pasta spielt eine wichtige Rolle und Milchlamm wird entweder am Spieß gegrillt, oder auf kleiner Flamme mit Wein und Wacholder gegart. Bevorzugte Gemüse sind Artischocken und Saubohnen.

Kampanien

Mit Neapel als Mittelpunkt beginnt hier der arme Süden. Öl wird immer verwendet und Pasta sogar zweimal täglich gegessen. Hier ist die Heimat der Pizza und man isst nur wenig Fleisch, mit Ausnahme von Lamm, das bei Festen zubereitet wird. Gebäck wird mit gesüßtem Ricotta, Mandeln, kandierten Früchten, Rosinen und Pinienkernen gefüllt und mit Orangenblütenwasser aromatisiert.

Apulien und Basilikata

Apulien ist der Absatz Italiens, die Heimat alter Olivenhaine. Brot und Pasta sind Hauptzutaten der einfachen Küche. Tomaten läßt man an der Sonne trocknen und Gemüse werden in Olivenöl eingelegt. Käse und Mozzarella werden täglich frisch hergestellt, damit sie die Hitze überstehen. Die benachbarte Basilikata ist eine arme „Verwandte", die ebenfalls für Pasta und mit Chili gewürzte Gerichte bekannt ist.

Kalabrien und Sizilien

Kalabrien ist die Schuhspitze Italiens und spiegelt in seiner Küche arabische Einflüsse wieder. Fisch wird mit Rosinen und Pinienkernen zubereitet und Nachspeisen werden mit Honig, Mandeln und Orangenblüten aromatisiert. Tomaten und Auberginen, mit Ricotta bedeckt, kommen überall vor. Oliven und Olivenöl sind im Überfluß vorhanden, ebenso wie alle Zitrusfrüchte.

Sardinien

Die Sarden bauen Hartweizen und Obst an und bevorzugen über offenem Feuer gebratenes Fleisch. Myrte-Blätter werden gerne zum Würzen verwendet und Pilze, Fenchel und wilder Spargel wachsen überall. Eine Spezialität dieser Region ist der Pecorino.

Salsicce-Sugo

Für: **4 Personen**

Vorbereitungszeit: 15 Minuten

Garzeit: 1 Stunde 10 Minuten

500 g Salsicce
2 EL Olivenöl
1 Zwiebel, fein geschnitten
2 Knoblauchzehen, fein gehackt
450 ml Passata (pürierte Tomaten)
150 ml trockener Weißwein
6 getrocknete Tomaten
2 TL Fenchelsamen
1 EL gehackter Rosmarin
2 EL gehackter Salbei
1 TL zerdrückte Pfefferkörner
Salz
Rosmarinzweige, zum Garnieren

1 Drücken Sie das Wurstbrät aus der Haut und zerkleinern es mit einer Gabel.

2 Das Öl in einem Topf erhitzen und die Knoblauchzehen und Zwiebel 5 Minuten anbraten, bis sie weich und leicht gebräunt sind. Die Salsicce dazugeben und ebenfalls anbraten.

3 Wein und Passata in den Topf gießen und die restlichen Zutaten in die Sauce einrühren. Einmal aufkochen lassen, dann die Hitze reduzieren und den Topf halb abdecken. Mindestens 1 Stunde bei geringer Hitze köcheln lassen, bis die Sauce reduziert ist. Großzügig mit Salz und Pfeffer würzen und mit Rosmarinzweigen garniert zu Pasta oder gebratener Polenta servieren.

PRODUKTINFO • Fenchelsamen werden in der italienischen Küche häufig verwendet. Die würzigen Salsicce, die an frische Salami erinnern erhalten Sie in großen gutsortierten Supermärkten oder italienischen Feinkostgeschäften.

Zitronen-Chili-Huhn

Dieses Gericht erinnert an den Geschmack und den Duft von Grillabenden im sonnigen Süden.

Für: **4 Personen**

Vorbereitungszeit: 25 Minuten, plus Marinierzeit

Garzeit: 45 Minuten

Temperatur: 200°C/Gas Stufe 3–4

1 Huhn, ca. 1,75 kg
4 sehr reife, saftige, unbehandelte Zitronen
8 Knoblauchzehen
1 kleine rote Chili, entkernt und gehackt
2 EL Honig
4 EL gehackte Petersilie
Salz und Pfeffer
Petersilie, zum Garnieren

1 Mit einem scharfen Messer das Huhn in 8 Teile zerlegen und in eine Auflaufform legen.

2 Die Zitronen auspressen, die Zitronenhälften aufbewahren.

3 2 Knoblauchzehen zerdrücken und mit dem Zitronensaft, Chili und Honig gut vermischen. Die Hühnerteile mit der Marinade bestreichen, die ausgepressten Zitronenhälften dazulegen und mindestens 2 Stunden, besser über Nacht, marinieren. Dabei gelegentlich umdrehen und mit dem gewürzten Zitronensaft bestreichen.

4 Die Hühnerteile mit der Hautseite nach oben drehen, mit dem restlichen Knoblauch bestreuen und die Zitronenhälften mit der Schnittfläche nach unten darauflegen. Im vorgeheizten Backofen bei 200°C/Gas Stufe 3–4 etwa 45 Minuten braten bis die Hühnerteile goldbraun sind. Gelegentlich umdrehen und mit der Marinade begießen. Besonders lecker schmeckt dieses Gericht im Sommer über Holzkohlenfeuer gegrillt. Die Petersilie darüberstreuen und mit Salz und Pfeffer abschmecken. Mit den Zitronenhälften und Petersilie garniert servieren.

Regionale Küche

Unter einem Ziegelstein gebratenes Huhn

Diese Methode für ein ganzes Huhn klingt zwar ziemlich seltsam, aber auf diese Weise bleibt das Fleisch fest und saftig. Weil das Huhn flachgedrückt wird und so überall die gleiche Stärke hat, verringert sich die Garzeit.

Für: 6 Personen

Vorbereitungszeit: 10 Minuten

Garzeit: 25–30 Minuten

2 kg Brathuhn, vorzugsweise ein freilaufendes Bio-Huhn
4 EL Olivenöl
Salz und Pfeffer
ZUM GARNIEREN
gehackte Petersilie
Zitronenstücke

1 Mit einer Geflügelschere auf beiden Seiten des Rückrats entlang schneiden und das Rückrat entfernen. Das Huhn auseinanderbiegen und mit einiger Gewalt völlig flachdrücken.

2 Das Öl in einer großen Bratpfanne erhitzen und das Huhn mit der Hautseite nach unten in die Pfanne drücken. Einen flachen Deckel darauflegen und mit einem etwa 5 kg schweren Gewicht (Ziegelsteine oder Pflastersteine) beschweren. Bei geringer bis mittlerer Hitze etwa 12 Minuten braten, bis die Unterseite eine schöne goldbraune Farbe hat.

3 Die Gewichte und den Deckel abnehmen, das Huhn umdrehen und kräftig mit Salz und Pfeffer würzen. Deckel und Gewichte wieder auflegen und weitere 12–15 Minuten braten, bis das Huhn zart ist und der austretende Fleischsaft nicht mehr blutig. Vor dem Tranchieren noch 15–20 Minuten im vorgeheizten Backofen (80°C/Gas Stufe 1 und die Ofentüre leicht geöffnet) ruhen lassen. Mit Petersilie bestreuen und mit den Zitronen servieren.

Regionale Küche

Kaninchen auf Jägerart

Mit diesem einfachen Rezept schmecken Kaninchen wie in der Toskana. Das Geheimnis ist das lange Schmoren bei geringer Hitze und der reduzierte Wein. Die Kaninchenleber gibt der Sauce erst den besonderen Kick.

Für: **4–6 Personen**

Vorbereitungszeit: 20 Minuten, plus Marinierzeit

Garzeit: 1–1¼ Stunden

1 großes Kaninchen mit Leber, in 8–12 Teile zerlegt
4 große Knoblauchzehen, fein gehackt
1 EL feingehackten Rosmarin
1 TL Salz
1 TL zerdrückte Pfefferkörner
1 Flasche trockener Rotwein
2 Rosmarinzweige
3 EL Olivenöl
2 EL Balsamicoessig
2 EL Püree aus getrockneten Tomaten, oder normales Tomatenpüree
ein wenig Hühnerbrühe (sie Seite 8) oder Wasser
Polenta oder Kartoffeln mit Knoblauch und Zitrone (siehe Seite 194), als Beilage

1 Die Kaninchenteile waschen und abtrocknen. Knoblauch, Rosmarin, Salz und Pfeffer vermischen und die Kaninchenteile damit gut einreiben. Abgedeckt mindestens 2 Stunden marinieren lassen.

2 Währenddessen den Wein zusammen mit den Rosmarinzweigen in einen Topf geben und bei starker Hitze auf die Hälfte reduzieren. Durch ein Sieb gießen und abkühlen lassen.

3 Erhitzen Sie das Öl in einer beschichteten Bratpfanne und braten Sie nacheinander die Kaninchenteile gründlich an. Das Fleisch in einen Topf legen, und zum Schluß die Leber in der Pfanne braten und zum Kaninchen geben.

4 Die Pfanne mit dem Balsamicoessig ablöschen, den reduzierten Wein dazugießen und die Bratrückstände mit einem Kochlöffel vom Pfannenboden lösen. Das Tomatenpüree unter die Sauce rühren, mit Salz und Pfeffer abschmecken, aufkochen lassen und über die Kaninchenteile gießen. Mit Hühnerbrühe oder Wasser auffüllen, bis die Kaninchenteile bedeckt sind, nochmals aufkochen und bei sehr schwacher Hitze 45–60 Minuten schmoren.

5 Das Fleisch in eine vorgewärmte Schüssel legen. Mit einer Gabel die Leberstücke in der Sauce zerdrücken und die Sauce reduzieren, bis Sie eine sirupartige Konsistenz hat. Über das Fleisch gießen und mit Polenta oder Kartoffeln servieren.

Gemüse

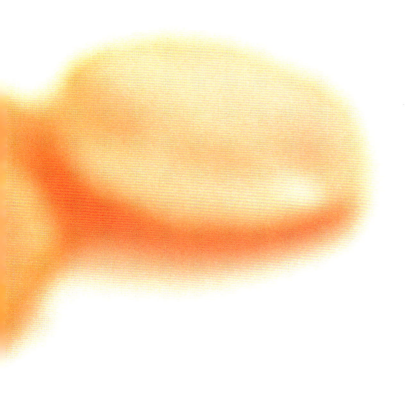

Knoblauchzehen in Olivenöl geschmort

Diese wunderbaren Knoblauchzehen passen zu vielen Salaten, Kartoffelgerichten, Pürees, Risotto und Pizza. In einem Schraubglas hält sich der Knoblauch im Kühlschrank bis zu 3 Monate. Und das herrlich gewürzte Öl ist ideal zum Kochen.

Vorbereitungszeit: 5 Minuten

Garzeit: 20 Minuten

12 große Knoblauchzehen
Rosmarinzweige
Thymianzweige
300 ml Olivenöl

1 Die Knoblauchzehen schälen und mit den Kräutern in einen kleinen Topf legen. Mit dem Öl bedecken und bei schwacher Hitze 20 Minuten schmoren, bis der Knoblauch golden und weich ist. In dem Öl abkühlen lassen und je nach Bedarf verwenden.

Bratkartoffeln mit Knoblauch und Zitrone

Diese Bratkartoffeln werden mit Zitrone und Knoblauch gewürzt und angebraten. Anschließend garen sie in ihrem eigenen Saft und werden schließlich wieder gebraten. Verwenden Sie auf jeden Fall festkochende Kartoffeln, die während dem Kochen nicht zerfallen.

Für: **4 Personen**

Vorbereitungszeit: 10 Minuten, plus Einweichzeit

Garzeit: 25 Minuten

500 g festkochende Kartoffeln
4 EL Olivenöl
4 Knoblauchzehen, ungeschält
einige Rosmarin- und Thymianzweige
abgeriebene Schale einer unbehandelten
   Zitrone
25 g Butter
grobes Meersalz

1 Die Kartoffeln der Länge nach vierteln und 10 Minuten in kaltem Wasser einweichen. Abgießen und trockentupfen.

2 In einem Topf das Olivenöl stark erhitzen, dann die Kartoffeln und den Knoblauch hineingeben. Die Hitze reduzieren und die Kartoffeln von allen Seiten bräunen. Die Zitronenschale und die meisten der Kräuter unterrühren und zugedeckt 15 Minuten dämpfen.

3 Den Deckel abnehmen, die Hitze wieder erhöhen, das Wasser verdampfen lassen und die Kartoffeln knusprig braten. Die Butter unterrühren.

4 In eine vorgewärmte Schüssel umfüllen und mit reichlich Salz und den restlichen Kräutern bestreuen.

Kartoffelpüree mit Olivenöl, Pinienkernen und Parmesan

Eine köstliche und einfache Variation von Kartoffelpüree.

Für: **6–8 Personen**

Vorbereitungszeit: 10 Minuten

Garzeit: 20–25 Minuten

1,5 kg mehlige Kartoffeln, geschält
150 ml fruchtiges Olivenöl, plus extra Öl zum Servieren
125 g frisch geriebenen Parmesan
Salz und Pfeffer
50 g Pinienkerne, geröstet, zum Servieren

1 Kochen Sie die Kartoffeln etwa 15–20 Minuten in Salzwasser bis sie sehr weich sind. Abgießen und ausdampfen lassen.

2 Durch eine Kartoffelpresse drücken oder mit einem Stampfer zerdrücken. Erst das Olivenöl dann den Parmesan mit einem elektrischen Rührgerät untermischen, dabei das Püree auf schwacher Hitze oder im Wasserbad warmhalten. Nach einigen Minuten, wenn das Püree glatt und luftig ist, mit reichlich Salz und schwarzen Pfeffer würzen. In eine vorgewärmte Schüssel füllen, mit den Pinienkernen bestreuen und mit Olivenöl beträufeln.

Tomaten und Auberginen Parmigiana

Variationen über ein Thema – hier ersetzen frische Tomaten die Tomatensauce und werden zusammen mit Auberginen gratiniert.

Für: 4 Personen

Vorbereitungszeit: 15 Minuten, plus 30 Minuten zum Abtropfen

Garzeit: 25 Minuten

Temperatur: 190°C/Gas Stufe 3

1 große Aubergine
Olivenöl, zum Braten
500 g reife Eiertomaten, in Scheiben geschnitten
50 g frisch geriebener Parmesan
Salz und Pfeffer
Petersilie, zum Garnieren

1 Schneiden Sie die Aubergine in etwa 2,5 cm dicke Scheiben. Mit Salz bestreuen und 30 Minuten in einem Sieb abtropfen lassen. Gut abspülen und mit Küchenpapier gründlich trockentupfen.

2 Das Olivenöl in einer beschichteten Bratpfanne erhitzen und die Auberginen nach und nach goldbraun braten. Auf Küchenpapier abtropfen lassen.

3 Auberginen- und Tomatenscheiben abwechselnd in eine Auflaufform schichten und jede Lage mit Salz und Pfeffer würzen und mit Parmesan bestreuen.

4 Im vorgeheizten Backofen bei 190°C/Gas Stufe 3 etwa 15–20 Minuten überbacken. Zum Servieren ein wenig auskühlen lassen oder ganz auf Zimmertemperatur abkühlen lassen und mit Petersilie bestreut servieren.

Zucchini und Karotten süß-sauer

Die Kombination von Süße und Säure zusammen mit Kapern ist vor allem in Sizilien beliebt.

Für: **4–6 Personen**

Vorbereitungszeit: 10 Minuten

Garzeit: 10 Minuten

4 EL Olivenöl
375 g Zucchini, dünn geschnitten
375 g Karotten, dünn geschnitten
3 EL Weißweinessig
1 TL Honig
2 EL Minze, fein geschnitten
1 EL gesalzene Kapern, abgespült und grob gehackt
Salz und Pfeffer
Minzblätter, zum Garnieren

1 Das Öl in einer Bratpfanne erhitzen und nach und nach die Zucchini und Karotten braten bis sie leicht gebräunt sind und noch ein wenig Biß haben. Mit einer Schöpfkelle herausheben und in eine vorgewärmte Schüssel geben. Mit Salz und Pfeffer würzen.

2 Essig, Honig und Minze in die Pfanne rühren und aufkochen. Das Dressing sofort über die Gemüse gießen und vorsichtig vermischen. Bei Zimmertemperatur mindestens 30 Minuten durchziehen lassen, damit sich der Geschmack entwickeln kann. Zum Servieren mit den Kapern bestreuen und mit Minze garnieren.

Geschmorte Artischocken mit Erbsen und Minze

Für: **6 Personen**

Vorbereitungszeit: 15 Minuten

Garzeit: 25 Minuten

2 EL Olivenöl
6 Frühlingszwiebeln, fein gehackt
1 Knoblauchzehe, zerdrückt
12–18 frische kleine Artischocken
1 Zitrone
75 ml Wasser
1 kg frische Erbsen, geschält
je 1 EL gehackte Petersilie und Minze
Salz und Pfeffer
Minze, zum Garnieren

1 Erhitzen Sie das Öl in einem Topf, Frühlingszwiebeln und Knoblauch dazu und 5 Minuten lang schmoren, bis sie weich werden. Beiseite stellen.

2 Die Artischockenstiele auf etwa 1 cm kürzen. Die harten äußeren Blätter abbrechen, bis Sie auf die helleren, inneren Blätter stoßen. Das obere Drittel der Blattspitzen ebenfalls abschneiden. Mit einem kleinen scharfen Messer die dunkelgrüne Haut vom Artischockenboden und Stiel schälen. Die Artischocken halbieren und alle Schnittstellen mit Zitronenhälften einreiben, damit sie nicht braun werden.

3 Die Zwiebeln wieder erwärmen und die Artischocken und Wasser dazugeben. Den Topf zudecken und bei schwacher Hitze etwa 10 Minuten köcheln lassen, bis sie weicher werden. Die Erbsen, Minze und gegebenenfalls noch ein wenig Wasser in den Topf geben und vorsichtig untermischen. Weitere 10 Minuten zugedeckt kochen, bei Tiefkühlerbsen allerdings nur 5 Minuten. Mit Salz und Pfeffer abschmecken und mit Minze garniert servieren.

VARIATION • Wenn Sie keine frischen Erbsen bekommen, verwenden Sie 300 g Tiefkühlware. Vor der Verwendung auftauen lassen.

Caponata

Ein köstlicher süß-saurer Aubergi-
nensalat, der als Antipasto oder als
Gemüsebeilage serviert wird. Es gibt
unzählige Variationen von Caponata,
die in Sizilien meist bei Zimmertemperatur gegessen wird.

Für: **6 Personen**

Vorbereitungszeit: 20 Minuten, plus 30
Minuten zum Abtropfen

Garzeit: etwa 50 Minuten

4 Auberginen, in mundgerechte Stücke
  geschnitten
2 EL Olivenöl, plus Öl zum frittieren
1 Zwiebel, gehackt
2 Selleriestangen, in mundgerechte Stücke
  geschnitten
8 absolut reife Tomaten, in grobe Stücke
  geschnitten
1 EL gesalzene Kapern, gut abgespült
50 g grüne Oliven, entkernt
4 EL Rotweinessig
1 EL Zucker
Salz und Pfeffer
ZUM GARNIEREN
geröstete Mandeln, gehackt
gehackte Petersilie

1 Die Auberginen in ein Sieb legen, salzen und
30 Minuten abtropfen lassen.

2 Währenddessen etwas Olivenöl in einem
Topf erhitzen und den Sellerie und die Zwiebel
5 Minuten lang anbraten, ohne sie zu bräunen.
Die Tomaten dazu und das Ganze 15 Minuten
schmoren. Dann die Kapern, Oliven, Essig und
Zucker unterrühren, mit Salz und Pfeffer würzen und nochmals 15 Minuten schmoren.

3 Die Auberginen abspülen und mit Küchenpapier abtrocknen. Das Olivenöl in einem Topf
erhitzen und die Auberginen nach und nach
frittieren, bis sie schön gebräunt sind. Auf
Küchenpapier nochmals abtropfen lassen.

4 Die Auberginen zu dem restlichen Gemüse
rühren und abschmecken. Vor dem Servieren
mindestens 30 Minuten ruhen lassen. Warm
oder bei Zimmertemperatur servieren und mit
den Mandeln und Petersilie bestreuen.

VARIATION • Statt frischen gehackten Tomaten können Sie auch 400 g Tomaten aus der Dose
verwenden.

Peperonata

Diese herrliche Mischung aus Tomaten und Paprika schmeckt als Beilage zu gegrilltem Fisch oder einer Frittata genauso wie zu einer Auswahl an Gemüsen und Vorspeisen

Für: **4 Personen**

Vorbereitungszeit: 10 Minuten

Garzeit: 1–1¼ Stunden

3 EL Olivenöl
2 Zwiebeln, fein geschnitten
3 Knoblauchzehen, gehackt
2 gelbe Paprika, entkernt und in dicke Streifen geschnitten
2 rote Paprika, entkernt und in dicke Streifen geschnitten
1 kg reife Tomaten, gehäutet, entkernt und gehackt, oder 2 x 400 g gehackte Tomaten aus der Dose
Salz und Pfeffer

1 Das Olivenöl in einem Topf erhitzen, Zwiebeln und Knoblauch zufügen und mindestens 20 Minuten anbraten, bis sie schön gebräunt sind.

2 Die Paprikastücke dazugeben, den Topf abdecken und weitere 10 Minuten garen, bis die Paprikastreifen weich werden.

3 Die Tomaten unterrühren und ohne Deckel 30–45 Minuten auf kleiner Hitze schmoren, bis die Peperonata weich und eingedickt ist. Mit Salz und Pfeffer abschmecken. Warm oder auf Zimmertemperatur abgekühlt servieren.

Pizza und Brot

Focaccia

Traditionell wird Focaccia am Kamin gebacken, aber es funktioniert auch ganz einfach mit einem normalen Backofen. Ein Backstein aus Terracotta, der im Ofen aufgeheizt wird gibt Pizze und Focaccia den richtigen, knusprigen Boden. Obwohl Focaccia mit jedem normalen Pizzateig hergestellt werden kann, ist das Geheimnis einer lockeren Focaccia das dreimalige Aufgehen des Teiges. Sie kann dick und weich sein, dünn und knusprig, rund oder eckig.

Ergibt: **2 dicke Laibe mit 25 cm Durchmesser**

Vorbereitungszeit: 25 Minuten, plus Zeit zum Aufgehen

Garzeit: 20–25 Minuten

Temperatur: 200°C/Gas Stufe 3–4

25 g frische Hefe oder 1 EL getrocknete Hefe
eine Prise Zucker
450 ml warmes Wasser
750 g Mehl, plus extra Mehl zum Bestäuben
125 ml gutes Olivenöl
grobes Meersalz

1 Wenn Sie frische Hefe verwenden, verrühren Sie Hefe, Zucker und das warme Wasser mit einer Gabel. 10 Minuten stehen lassen, bis die Mischung ein wenig schäumt. Bei Trockenhefe beachten Sie die Anweisungen auf der Packung.

2 Das Mehl in eine große Schüssel sieben und in die Mitte eine Vertiefung drücken. Das Hefegemisch und 3 EL von dem Olivenöl zum Mehl gießen und zuerst mit einer Gabel, dann mit den Händen vermischen.

3 Den Teig 10 Minuten mit den Händen durchkneten bis er glatt und elastisch ist. Der Teig sollte zwar weich sein, aber wenn er zu weich ist, geben Sie noch etwas Mehl dazu.

4 Die Schüssel mit einem feuchten, sauberen Geschirrtuch abdecken und etwa 1½ Stunden an einem warmen Ort aufgehen lassen, bis sich das Volumen verdoppelt hat.

5 Zwei runde Pizzableche mit etwa 25 cm Durchmesser leicht einölen. Den Teig teilen, auf einer bemehlten Arbeitsfläche zuerst zu Kugeln und dann zu runden Fladen ausrollen. Auf die Pizzableche legen, mit feuchten Tüchern abdecken und nochmals 30 Minuten gehen lassen.

6 Die Tücher abnehmen und mit den Fingern kleine Vertiefungen in den Teig drücken. Wieder abdecken und 2 Stunden aufgehen lassen, bis sich das Volumen verdoppelt hat.

7 Das restliche Öl über den Teig verteilen und großzügig mit Salz würzen. Mit Wasser besprühen und im vorgeheizten Backofen bei 200°C/Gas Stufe 3–4 etwa 20–25 Minuten backen. Auf einem Kuchengitter auskühlen lassen. Essen Sie die Focaccia entweder noch am gleichen Tag, oder frieren Sie sie ein, sobald sie ausgekühlt ist.

Focaccia mit Oliven und getrockneten Tomaten

Ergibt: 2 dünne Laibe mit 25 cm Durchmesser

Vorbereitungszeit: 25 Minuten, plus Zeit zum Aufgehen

Garzeit: 20–25 Minuten

Temperatur: 200°C/Gas Stufe 3–4

25 g frische Hefe oder 1 EL Trockenhefe
eine Prise Zucker
450 ml warmes Wasser
750 g Mehl, plus extra Mehl zum Bestäuben
125 ml gutes Olivenöl
50 g getrocknete Tomaten in Öl, abgetropft und
  fein geschnitten
2 EL gesalzene Kapern, abgespült
250 g grüne oder schwarze Oliven, entkernt
grobes Meersalz

1 Wenn Sie frische Hefe verwenden, verrühren Sie Hefe, Zucker und das warme Wasser mit einer Gabel. 10 Minuten stehen lassen, bis die Mischung ein wenig schäumt. Bei Trockenhefe beachten Sie die Anweisungen auf der Packung.

2 Das Mehl in eine große Schüssel sieben und in die Mitte eine Vertiefung drücken. Das Hefegemisch und 3 EL von dem Olivenöl zum Mehl gießen und zuerst mit einer Gabel, dann mit den Händen vermischen.

3 Den Teig 10 Minuten mit den Händen durchkneten bis er glatt und elastisch ist. Der Teig sollte zwar weich sein, aber wenn er zu weich ist, geben Sie noch etwas Mehl dazu.

4 Die Schüssel mit einem feuchten, sauberen Geschirrtuch abdecken und etwa 1½ Stunden an einem warmen Ort aufgehen lassen, bis sich das Volumen verdoppelt hat.

5 Zwei runde Pizzableche mit etwa 25 cm Durchmesser leicht einölen. Die Tomaten, Kapern und die Hälfte der Oliven in den Teig kneten. Den Teig teilen, auf einer bemehlten Arbeitsfläche zuerst zu Kugeln und dann zu runden Fladen ausrollen. Auf die Pizzableche legen, mit feuchten Tüchern abdecken und nochmals 30 Minuten gehen lassen.

6 Die Tücher abnehmen und mit den Fingern kleine Vertiefungen in den Teig drücken. Wieder abdecken und 2 Stunden aufgehen lassen, bis sich das Volumen verdoppelt hat.

7 Das restliche Öl über den Teig verteilen, die andere Hälfte der Oliven darüberstreuen und großzügig mit Salz würzen. Mit Wasser besprühen und im vorgeheizten Backofen bei 200°C/Gas Stufe 3–4 etwa 20–25 Minuten backen. Auf einem Kuchengitter auskühlen lassen. Essen Sie die Focaccia entweder noch am gleichen Tag, oder frieren Sie sie ein, sobald sie ausgekühlt ist.

Focaccia mit Salbei, Zwiebeln und Rosinen

Ergibt: 2 Laibe mit 25 cm Durchmesser

Vorbereitungszeit: 25 Minuten, plus Zeit zum Aufgehen

Garzeit: 20–25 Minuten

Temperatur: 200°C/Gas Stufe 3–4

25 g frische Hefe oder 1 EL Trockenhefe
eine Prise Zucker
450 ml warmes Wasser
750 g Mehl, plus extra Mehl zum Bestäuben
125 ml gutes Olivenöl
4 EL Vin Santo
50 g Rosinen
2 kleine, rote Zwiebeln, dünn geschnitten
4 EL gehackten Salbei
eine Handvoll Salbeiblätter
grobes Meersalz

1 Wenn Sie frische Hefe verwenden, verrühren Sie Hefe, Zucker und das warme Wasser mit einer Gabel. 10 Minuten stehen lassen, bis die Mischung ein wenig schäumt. Bei Trockenhefe beachten Sie die Anweisungen auf der Packung.

2 Das Mehl in eine große Schüssel sieben und in die Mitte eine Vertiefung drücken. Das Hefegemisch und 3 EL von dem Olivenöl zum Mehl gießen und zuerst mit einer Gabel, dann mit den Händen vermischen.

3 Den Teig 10 Minuten mit den Händen durchkneten bis er glatt und elastisch ist. Der Teig sollte zwar weich sein, aber wenn er zu weich ist, geben Sie noch etwas Mehl dazu.

4 Die Schüssel mit einem feuchten, sauberen Geschirrtuch abdecken und etwa 1½ Stunden an einem warmen Ort aufgehen lassen, bis sich das Volumen verdoppelt hat. Den Vin Santo erwärmen und die Rosinen darin ziehen lassen.

5 Zwei runde Pizzableche mit etwa 25 cm Durchmesser leicht einölen. Die Rosinen, gehackten Salbeiblätter und die Hälfte der Zwiebeln in den Teig kneten. Den Teig teilen, auf einer bemehlten Arbeitsfläche zuerst zu Kugeln und dann zu runden Fladen ausrollen. Auf die Pizzableche legen, mit feuchten Tüchern abdecken und nochmals 30 Minuten gehen lassen.

6 Die Tücher abnehmen und mit den Fingern kleine Vertiefungen in den Teig drücken. Wieder abdecken und 2 Stunden aufgehen lassen, bis sich das Volumen verdoppelt hat.

7 Das restliche Öl über den Teig verteilen, die ganzen Salbeiblätter und die andere Hälfte der geschnittenen Zwiebeln darüberstreuen und großzügig mit Salz würzen. Mit Wasser besprühen und im vorgeheizten Backofen bei 200°C/Gas Stufe 3–4 etwa 20–25 Minuten backen. Auf einem Kuchengitter auskühlen lassen. Essen Sie die Focaccia entweder noch am gleichen Tag, oder frieren Sie sie ein, sobald sie ausgekühlt ist.

VARIATION • Statt Vin Santo können Sie auch leicht süßen Sherry verwenden.

Hafer-Focaccia

Diese Focaccia enthält eine Mischung aus Haferschrot und Weizenmehl für den Teig und Haferflocken und grobes Meersalz zum Bestreuen. Das Ergebnis ist eine dünne, knusprige Focaccia, die innen aber immer noch saftig ist. Achten Sie darauf, dass alle Zutaten leicht angewärmt sind und essen Sie die Focaccia am besten noch am Backtag.

Ergibt: **1–2 dünne, rechteckige Fladen**

Vorbereitungszeit: 25 Minuten, plus Zeit zum Aufgehen

Garzeit: 20–25 Minuten

Temperatur: 200°C/Gas Stufe 3–4

2½ TL Trockenhefe
1 TL Zucker oder Honig
etwa 350–450 ml warmes Wasser
125 g Haferschrot, mittelgrob, angewärmt
500 g Weizenmehl, angewärmt
2 TL englisches Senfpulver
1 TL frisch gemahlener Pfeffer
2 TL Salz
2 EL fruchtiges Olivenöl,
 plus extra Öl zum Besprühen
3–4 EL Haferflocken
grobes Meersalz

1 Verrühren Sie zuerst die Hefe und den Zucker oder Honig im warmen Wasser und rühren dann das Haferschrot unter. Zugedeckt 10–15 Minuten stehen lassen, bis die Mischung ein wenig schäumt.

2 Das Weizenmehl in eine warme Schüssel sieben, Senfpulver, Salz und Pfeffer dazu und die Hefemischung und das Öl untermischen. Mindestens 10 Minuten kneten, bis der Teig elastisch ist; er sollte sehr weich sein, darum eventuell noch mehr warmes Wasser hinzufügen.

3 Den Teig in eine leicht eingeölte Schüssel legen und mit einem feuchten, sauberen Geschirrtuch abdecken. An einem warmen Ort etwa 1 Stunde gehenlassen, bis sich das Volumen verdoppelt hat.

4 Den Teig nochmals durchkneten und auf 1–2 geölten Backblechen (je nach Größe und gewünschter Dicke der Focaccia) ausrollen. Den Teig mit einer Gabel mehrmals einstechen und mit den Haferflocken und Salz bestreuen. Mit einer eingeölten Frischhaltefolie oder sauberen, feuchten Küchentüchern abdecken und nochmals 30–60 Minuten aufgehen lassen.

5 Die Focaccia mit Olivenöl besprühen und im vorgeheizten Backofen bei 200°C/Gas Stufe 3–4 etwa 25 Minuten backen, bis sie schön gebräunt ist. Aus dem Ofen nehmen, nochmals mit Öl besprenkeln und auf einem Kuchengitter auskühlen lassen.

Schiacciata

Diese leckeren, flachen Brote stammen aus der Toscana und können unterschiedlich groß sein. Bei dem Schiacciata con uva werden Trauben mit in das Brot gebacken und die Laibe gezuckert. Schiacciata kann auf tausend Arten belegt werden; hier eine herzhafte Version.

Ergibt: **6 Brote mit 15 cm Durchmesser**

Vorbereitungszeit: 25 Minuten, plus Zeit zum Aufgehen

Garzeit: 15 Minuten

Temperatur: 200°C/Gas Stufe 3–4

25 g frische Hefe, oder 1 EL Trockenhefe
eine Prise Zucker
250 ml warmes Wasser
625 g Mehl, plus extra Mehl zum Bestäuben
50 g Schweineschmalz oder Kokosfett
2 EL Olivenöl, plus extra Öl zum Bestreichen
grobes Meersalz
½ Aubergine, dünn geschnitten und gebraten
ZUM SERVIEREN
Rucola
Parmesanspäne

1 Wenn Sie frische Hefe verwenden, verrühren Sie Hefe, Zucker und das warme Wasser mit einer Gabel. 10 Minuten stehen lassen, bis die Mischung ein wenig schäumt. Bei Trockenhefe beachten Sie die Anweisungen auf der Packung.

2 Das Mehl in eine große Schüssel sieben und in die Mitte eine Vertiefung drücken. Das Schmalz oder Kokosfett, das Hefegemisch, Olivenöl und Salz zum Mehl gießen und zuerst mit einer Gabel, dann mit den Händen vermischen.

3 Den Teig 10 Minuten mit den Händen durchkneten bis er glatt und elastisch ist. Der Teig sollte zwar weich sein, aber wenn er zu weich ist, geben Sie noch etwas Mehl dazu.

4 Die Schüssel mit einem feuchten, sauberen Geschirrtuch abdecken und etwa 1 Stunde an einem warmen Ort aufgehen lassen, bis sich das Volumen verdoppelt hat.

5 Den Teig in 6 gleich große Stücke teilen, auf einer bemehlten Arbeitsfläche zuerst zu Kugeln und dann zu runden Fladen mit etwa 15 cm Durchmesser ausrollen. Mit Öl bestreichen und salzen. Mit feuchten Tüchern abdecken und nochmals 1 Stunde gehen lassen.

6 Die Tücher abnehmen und mit den Fingern kleine Vertiefungen in den Teig drücken. Nochmals mit Öl bestreichen, mit den Auberginenscheiben belegen und auf Backpapier im vorgeheizten Ofen bei 200°C/Gas Stufe 3–4 goldbraun und knusprig backen. Zum Servieren mit Rucola und Parmesan bestreuen.

VARIATION • Statt mit Auberginen können Sie die Schiacciata zum Beispiel auch mit dünn geschnittenen Zuccini oder roten Zwiebeln – mit Knoblauch und Kräutern angebraten – belegen. Oder Sie backen die Fladen ohne Belag und streuen feingeschnittenes Basilikum darüber und beträufeln das ganze mit Olivenöl.

Taralli

Dieses knusprige Salzgebäck stammt ursprünglich aus Apulien und der Basilikata. Der Trick daran ist, das die Taralli zuerst in kochendes Wasser getaucht werden und dann gebacken.

Ergibt: **etwa 40 Stück**

Vorbereitungszeit: 15 Minuten

Garzeit: 25–30 Minuten

Temperatur: 190°C/Gas Stufe 3

500 g Mehl
1 EL zerstoßene Fenchelsamen oder
  schwarze Pfefferkörner
15 g frische Hefe oder ½ EL Trockenhefe
175 ml trockenen Weißwein, angewärmt
125 ml Olivenöl, angewärmt
grobes Meersalz

1 Das Mehl in eine Schüssel sieben und den Fenchel oder Pfeffer darüberstreuen.

2 Die Hefe in dem warmen Weißwein verrühren, bis sie sich aufgelöst hat. Zusammen mit dem angewärmten Öl in das Mehl rühren.

3 Den Teig zuerst mit einer Gabel, dann mit den Händen vermischen und solange kneten, bis er glatt und elastisch ist. Falls er zu trocken ist, geben Sie noch etwas Wasser hinzu.

4 Ein Stück Teig abtrennen und zu einer 5 mm dicken Wurst rollen. In 5 cm lange Stücke schneiden und die Enden zu einem Ring zusammendrücken. Auf ein leicht bemehltes Tuch legen und etwa 40 Stück formen.

5 Die Taralli nach und nach in einen großen Topf mit kochendem Salzwasser legen und mit einer Schöpfkelle wieder herausnehmen, wenn sie an der Oberfläche schwimmen. Auf einem sauberen Geschirrtuch abtropfen lassen. Von beiden Seiten in Meersalz wenden und auf eingeöltem Backpapier im vorgeheizten Backofen bei 190°C/Gas Stufe 3 etwa 15–20 backen, bis sie Farbe bekommen. Auf einem Kuchengitter auskühlen lassen.

Grissini

Diese Grissini hier haben nichts mit den langweiligen Grissini aus der Packung zu tun.

Ergibt: **16–20 Stück**

Vorbereitungszeit: 15 Minuten

Garzeit: 5–8 Minuten

Temperatur: 200°C/Gas Stufe 3–4

½ Menge Pizzateig (siehe Seite 10)
Mehl, zum Bestäuben
dünne Scheiben Prosciutto, in Streifen
  geschnitten
ZUM WÜRZEN
grobes Meersalz
Sesamsamen
Mohnsamen
zerstoßener schwarzer Pfeffer

1 Rollen Sie den Teig auf einer gut bemehlten Unterlage zu einem dünnen Rechteck aus. In 5 mm dünne, lange Streifen schneiden und ein wenig rollen.

2 Die Grissini mit wenig Wasser bestreichen und mit den Gewürzen Ihrer Wahl bestreuen. Auf einem Backpapier im vorgeheizten Backofen bei 200°C/Gas Stufe 3–4 etwa 5–8 Minuten backen, bis die Grissini knusprig und braun sind.

3 Zum Servieren wickeln Sie einfach Prosciuttoscheiben um die Grissini.

PRODUKTINFO • Prosciutto ist der Oberbegriff für rohen, luftgetrockneten Schinken, wie zum Beispiel Parmaschinken oder San Daniele. Er wird dünn aufgeschnitten und oft als Antipasto mit Melone oder Feigen angeboten.

Italienische Zutaten für den Vorratsschrank

Es gibt einige Zutaten, die Sie unbedingt brauchen, um den typischen italienischen Geschmack zu erzielen, aber Sie müssen nur wenige auf Vorrat haben, da die echte italienische Küche vor allem aus frischen Zutaten besteht. Trotzdem sind gewisse Dinge unentbehrlich.

Olivenöl

Olivenöl ist praktisch der Inbegriff der italienischen Küche und die Auswahl ist grenzenlos – einige sind pfeffrig, einige fruchtig, einige grasig und andere haben ein Mandelaroma. Nehmen Sie ein kaltgepresstes Olivenöl extra vergine aus erster Pressung für Salate und um Fleisch damit zu betäufeln und ein leichteres und günstigeres Öl zum Kochen und Braten. Bewahren Sie das Öl nicht zu lange auf – wenn Sie nur wenig Öl verwenden, sollten Sie kleinere Flaschen kaufen.

Oliven

Die Olivenernte findet entweder zum Jahresende statt, wenn die Oliven noch grün sind, oder sie bleiben zum Reifen am Baum, bis sie schwarz oder violett sind; zu diesem Zeitpunkt sind sie normalerweise rundlicher und saftiger und haben einen etwas milderen Geschmack. Oliven können so unterschiedlich schmecken, daß es immer das Beste ist, wenn Sie sie vor dem Kaufen probieren. Oliven gibt es in Dosen, Gläsern, in Plastikpackungen oder offen aus dem Faß zu kaufen, wobei letzteres am Besten ist, da Sie die Oliven versuchen können. Grüne Oliven werden auch gefüllt angeboten, entweder mit Anchovis, Mandeln oder Paprika. Olivenpasten aus schwarzen und grünen Oliven sind würzig und salzig und können als Brotbelag, zum Würzen von Pasta oder Abschmecken von Salatsaucen verwendet werden.

Anchovis

Eingelegte Sardellen eignen sich ausgezeichnet um Saucen, Dips, Bohnengerichten und Eintöpfen die richtige Würze hinzuzufügen. Verwenden Sie möglichst hochwertige Sardellen, die in Olivenöl oder Salz eingelegt sind. Eingesalzene Anchovis vor der Verwendung in Wasser oder Milch einweichen, um überschüssiges Salz zu entfernen.

Essig

Ein guter Rotweinessig aus dem Chianti-Gebiet eignet sich gut für Salate und in Saucen und Marinaden. Der beste Essig allerdings ist Aceto Balsamico, ein gehaltvoller, süßlicher Essig aus Traubenmost. Er wird in Modena in Norditalien aus Trebbianotrauben hergestellt und reift in Eichenfässern mindestens 4 Jahre, aber auch bis zu 40 oder 50 Jahren. Der Preis spiegelt die Qualität wieder, deshalb sollten Sie sich den teuersten kaufen, den Sie sich leisten können. Verwenden Sie ihn für feine gedämpfte Fischgerichte, auf gegrilltem Fleisch und zum Verfeinern von Saucen und Dressings. Besonders lecker schmeckt er übrigens zu reifen Erdbeeren.

Pasta

Sie sollten in Ihrem Nudelschrank immer eine Auswahl an Nudelsorten haben, so zum Beispiel je eine Packung Spaghetti, Tagliatelle, große geformte Nudeln, wie z.B. Conchiglie, und kleine Nudeln, wie Tubettini, als Suppeneinlage. Von Zeit zu Zeit sollten Sie allerdings das Verfallsdatum überprüfen.

Reis

Carnaroli ist der Rolls Royce unter den Rundkornreissorten, wenn Sie Risotto kochen wollen. Aber auch Arborio ist sehr gut und leichter erhältlich.

Mehl

Italienisches Brot, Focaccia und auch Pizzateig werden aus einfachem Weizenmehl gemacht, da kräftiges Mehl den Teig zu elastisch macht und ihm die falsche Konsistenz verleiht. Pasta wird traditionell aus italienischem Mehl Typ 00 hergestellt, welches ein extrafeines Mehl ist, das aus weichem italienischen Weizen gemahlen wird. Polentagrieß ist grob gemahlener Mais aus Norditalien und man verwendet ihn für weichen Polentabrei, oder feste, in Scheiben geschnittene Polenta, als Beilage zu Fleisch und Wild. Leider ist das Polentakochen sehr zeitaufwendig und dauert gut 40 Minuten, wobei man ständig umrühren sollte. Vorgekochte oder Instant-Polenta braucht nur 5–10 Minuten, hat aber nicht ganz die gleiche Beschaffenheit und den Geschmack der echten Polenta.

Kapern

Kapern sind die Blütenknospen des Kapernstrauchs, der in ganz Italien wild wächst. Die Knospen sind entweder gesalzen oder in Essig eingelegt. Sie sind in der italienischen Küche sehr wichtig und geben Salaten und Saucen die richtige Würze. Es gibt große Kapern, die vor der Verwendung gehackt werden sollten und winzig kleine Kapern, aber auf jeden Fall sollten sie unter fließendem Wasser abgespült werden.

Bohnen

Borlotti-Bohnen, Buschbohnen, Schwarzaugen-Bohnen oder Canelli-Bohnen (in Italien einfach Fagioli genannt) – entweder frisch oder getrocknet – sind ebenfalls wichtige Säulen der italienischen Küche, besonders aber in der Toskana. Sie werden für herzhafte Suppen und einfache Salate verwendet. Frische Bohnen sind besonders köstlich und haben eine wunderbare cremige Beschaffenheit. Getrocknete Bohnen müssen über Nacht eingeweicht und anschließend in einem Sieb abgespült werden, bevor man sie kocht. Auch Linsen (die besten kommen aus Umbrien), frische Erbsen und frische Breite Bohnen werden im Frühsommer gerne roh mit Pecorino gegessen. Dosenbohnen sind nur eine schlechte Alternative, gehen zur Not aber auch.

Getrocknete Pilze

Getrocknete Pilze, meistens Steinpilze, werden sehr geschätzt, sind ziemlich teuer und in italienischen Feinkostgeschäften erhältlich. Vor dem Gebrauch muß man sie 20–30 Minuten in warmen Wasser einweichen. Nur ein paar Stücke dieses speziellen und typisch italienischen getrockneten Pilzes verleihen Gerichten einen köstlichen Geschmack, der jede Sauce, jeden Eintopf und jedes Risotto verbessert. Besonders gut schmecken getrocknete Pilze, wenn man sie mit frischen Pilzen mischt.

Pinienkerne

Diese kleinen Nüsse sind die Samen aus den Pinienzapfen. Sie verleihen vielen Gerichten, Kuchen und Gebäck Geschmack und Fülle und sind der Hauptbestandteil im Pesto.

Getrocknete Tomaten

Getrocknete Tomaten kommen ursprünglich aus Süditalien und Sizilien, wo man sie als Geschmacksverstärker in Saucen, Suppen und Eintöpfen verwendet. In der italienischen Küche verwendet man sie eher sparsam und sie sind nicht sehr verbreitet.

Tomatenmark

Es macht alle Saucen und Eintöpfe gehaltvoller und ist in der italienischen Küche unersetzlich.

Auch das Fruchtfleisch reifer Tomaten – bekannt als „Polpa di Pomodoro" – ist eine nützliche Zutat, die sie im Vorratsschrank haben sollten.

Trüffel

Der weiße Alba-Trüffel ist der beliebteste wegen seines starken Geschmacks und Aromas. Die bekanntesten kommen aus dem Piemont.

Für den Vorratsschrank **225**

Weiße Pizza mit Zwiebeln und Mozzarella

Ohne den geringsten Klecks Tomatensauce ergibt dieses Rezept eine saftige Pizza. Die Zwiebeln werden in Olivenöl weichgedünstet, bevor man sie auf die Pizza legt.

Ergibt: 2 Pizze mit 30 cm Durchmesser

Vorbereitungszeit: 30 Minuten

Garzeit: 35–40 Minuten

Temperatur: 240°C/Gas Stufe 5–6

75 ml Olivenöl
1 kg Zwiebeln, dünn geschnitten
1 EL gehackter Rosmarin
2 TL getrockneter Oregano
1 x Pizzateig (siehe Seite 10)
1 Mozzarella, etwa 150 g, abgetropft und dünn geschnitten
2 EL frisch geriebener Parmesan
12 Sardellen in Öl, abgetropft
15 schwarze Oliven, entkernt
Salz und Pfeffer
Rosmarinnadeln, zum Garnieren

1 Das Öl in einem Topf erhitzen und die Zwiebeln darin etwa 20 Minuten bei schwacher Hitze goldbraun und weich dünsten. Sie sollen nicht braun werden, nur etwas Farbe bekommen. Die Kräuter einrühren und mit Salz würzen.

2 Den Teig halbieren und mit den Fingern oder mit einem Nudelholz zu zwei 5 mm dicken Pizze mit 25–30 cm Durchmesser auseinanderziehen.

3 Die Teigfladen auf 2 bemehlte Backbleche legen und zuerst mit dem Mozzarella und dann mit den Zwiebeln belegen. Den Parmesan darüberstreuen und die Sardellen und Oliven verteilen.

4 Die Pizze im vorgeheizten Backofen bei 240°C/Gas Stufe 5–6 etwa 15–20 Minuten backen, bis sie knusprig sind. Mit Rosmarinnadeln bestreuen und sofort servieren.

Gefüllte Pizza mit Kartoffel, Salcicce und Ricotta

Diese knusprige gefüllte Pizza wird in Sizilien auch Stincione genannt.

Ergibt: eine 30 cm große gefüllte Pizza

Vorbereitungszeit: 25 Minuten, plus Zeit zum Aufgehen

Garzeit: 25–30 Minuten

Temperatur: 240°C/Gas Stufe 5–6

2 EL Olivenöl, plus extra Öl zum Bestreichen
1 Kartoffel, in kleine Würfel geschnitten
1 Zwiebel, dünn geschnitten
1 TL getrockneter Oregano
250 g frische italienische Salsicce, gehäutet
1 x Pizzateig (siehe Seite 10)
Mehl, zum Bestäuben
125 g Ricotta, zerdrückt
2 EL gehackter Salbei
2 EL frische geriebenen Parmesan
Salz und Pfeffer
Salbeiblätter, zum Garnieren

1 Erhitzen Sie das Öl in einer Pfanne und braten Sie die Kartoffelwürfel und Zwiebel 3–4 Minuten an. Wenn die Zwiebeln langsam Farbe bekommen, den Oregano unterrühren und alles in eine Schüssel umfüllen. Die Salsicce in der Pfanne braten, dabei mit einer Gabel zerdrücken

2 Den Teig teilen und zu zwei dünnen Fladen mit 30 cm Durchmesser ausrollen. Einen Pizzaboden auf ein gut bemehltes Backpapier legen. Die Zwiebeln, Kartoffelwürfel und die Salsicce darauf verteilen, dabei aber den Rand freilassen. Ricotta darüberbröseln und mit Salbei, Salz und Pfeffer würzen.

3 Den Pizzarand mit Wasser einstreichen und den zweiten Teigfladen darauflegen. Die Ränder zum Verschließen gut festdrücken. Mit Olivenöl bestreichen, mit dem Parmesan bestreuen und 2–3 Löcher in den Teigdeckel schneiden.

4 Die Pizza im vorgeheizten Backofen bei 240°C/Gas Stufe 5–6 etwa 20 Minuten backen, bis sie goldbraun und knusprig ist. Vor dem Anschneiden noch 10 Minuten ruhen lassen und mit Salbeiblättern garniert servieren.

VARIATION • Obwohl Feta kein italienischer Käse ist, schmeckt er ganz ausgezeichnet als Alternative zu Ricotta wie in diesem Rezept.

Pizza mit Tomaten, Artischocken, Schinken und Knoblauch

Dieser Pizzaboden ist etwas dicker und hat wesentlich mehr Belag als eine typische neapolitanische Pizza.

Ergibt: 1 dicke Pizza mit 30 cm Durchmesser

Vorbereitungszeit: 35 Minuten, plus Zeit zum Aufgehen

Garzeit: 20 Minuten

Temperatur: 240°C/Gas Stufe 5–6

15 g frische Hefe oder ½ EL Trockenhefe
eine Prise Zucker
250 ml warmes Wasser
375 g Mehl, plus extra Mehl zum Bestäuben
2 EL Olivenöl, plus extra Öl zum beträufeln
½ TL Salz
3 EL Püree aus getrockneten Tomaten
1 Mozzarella, ca. 150 g, dünn geschnitten
4 reife Eiertomaten, der Länge nach in Stücke geschnitten
8 Artischockenherzen in Öl, abgetropft und halbiert
4 große Knoblauchzehen, dünn geschnitten
6 Scheiben Prosciutto
3 EL frisch geriebener Parmesan
Basilikum, zum Garnieren

1 Wenn Sie frische Hefe verwenden, verrühren Sie Hefe, Zucker und das warme Wasser mit einer Gabel. 10 Minuten stehen lassen, bis die Mischung ein wenig schäumt. Bei Trockenhefe beachten Sie die Anweisungen auf der Packung.

2 Das Mehl in eine große Schüssel sieben und in die Mitte eine Vertiefung drücken. Das Hefegemisch und 3 EL von dem Olivenöl zum Mehl gießen und zuerst mit einer Gabel, dann mit den Händen vermischen.

3 Den Teig 10 Minuten mit den Händen durchkneten bis er glatt und elastisch ist. Der Teig sollte zwar weich sein, aber wenn er zu weich ist, geben Sie noch etwas Mehl dazu.

4 Die Schüssel mit einem feuchten, sauberen Geschirrtuch abdecken und etwa 1 Stunde an einem warmen Ort aufgehen lassen, bis sich das Volumen verdoppelt hat.

5 Den Teig mit den Fingern oder einem Nudelholz zu einem Fladen mit 30 cm Durchmesser ausrollen, wobei der Rand dicker sein sollte als die Mitte. Auf ein gut bemehltes Backpapier legen. Genausogut können Sie den Teig auf einem eingeölten Backblech ausziehen und einen Rand formen.

6 Zuerst das Tomatenpüree auf dem Pizzaboden verstreichen, dann die Hälfte der Mozzarellascheiben darauflegen. Darüber die Tomaten, Artischocken, Knoblauch, Prosciutto und dann den restlichen Mozzarella. Mit Olivenöl beträufeln und mit dem Parmesan bestreuen. Im vorgeheizten Backofen bei 240°C/Gas Stufe 5–6 etwa 15–20 Minuten backen. Mit Basilikumblättern bestreut sofort servieren.

VARIATION • Statt Basilikum können Sie auch getrockneten Oregano zum Garnieren verwenden.

Pizzette mit Tomatensauce

Diese Minipizze werden frittiert und dann mit Sauce und Mozzarella belegt.

Ergibt: 10–12 Pizzette

Vorbereitungszeit: 25 Minuten, plus Zeit zum Aufgehen

Garzeit: 8–12 Minuten

½ Menge Pizzateig (siehe Seite 10)
Mehl, zum Bestäuben
Öl, zum Frittieren
1 x Salsa Rossa (siehe Seite 118) oder Tomatensauce (siehe Seite 84)
1 Mozzarella, ca. 150 g, abgetropft und in kleine Stifte geschnitten
Basilikum, zum Garnieren

1 Den Teig auf einer gut bemehlten Arbeitsfläche dünn ausrollen. Mit einem Glas oder einer Ausstechform 12 kleine Kreise mit 5 cm Durchmesser ausstechen.

2 Das Öl in einem Wok oder in einer Fritteuse erhitzen. Wenn Sie ein Brotbrösel in das Öl werfen und es sofort zu brutzeln beginnt, hat das Öl seine richtige Temperatur erreicht. Nacheinander mehrere Pizzette gleichzeitig 2–3 Minuten frittieren, bis sie eine goldene Farbe haben und aufgegangen sind. Mit einer Schöpfkelle herausnehmen und abtropfen lassen.

3 Auf jede Pizzette einen Klecks Salsa Rossa oder Tomatensauce geben, ein Stück Mozzarella darauf und mit einem Basilikumblatt garnieren. Sofort servieren.

Desserts, Kuchen und Kekse

Wassermelonensorbet

Dieses erfrischende, raffinierte Dessert mit einem Hauch Zimt ist vor allem in Sizilien beliebt. Für das Rezept brauchen Sie nur ein Stück Wassermelone, den Rest genießen Sie pur, oder in einem Obstsalat.

Für: **4–6 Personen**

Vorbereitungszeit: 20 Minuten, plus Zeit zum Ruhen und Gefrieren

Garzeit: 5 Minuten

750 g Wassermelone, gewürfelt und ohne Schale
300 g Zucker
1 Zimtstange
8 EL Zitronensaft
rosa Lebensmittelfarbe (nach Belieben)
1 Eiweiß
125 g Chocolate Chips oder zerdrückte hauchdünne Schokoladenblättchen
Bisquitkekse, zum Servieren

1 Mit einer Messerspitze die Melonenkerne entfernen. In einem Mixer pürieren und dabei nach und nach den Zucker einstreuen und gut vermischen.

2 Die Melonenmischung zusammen mit der Zimtstange in einen Topf geben und erhitzen, bis sich der Zucker aufgelöst hat. Einmal aufkochen lassen und 1 Minute köcheln. Abkühlen lassen, den Zitronensaft dazu und einige Tropfen Lebensmittelfarbe wenn Sie möchten.

3 Die Zimtstange entfernen und mindestens 1 Stunde, besser über Nacht, im Kühlschrank ruhen lassen.

4 Das Sorbet gelingt am Besten, wenn Sie eine Eismaschine verwenden. Wenn die Mischung nach 10 Minuten halb gefroren ist, geben Sie das leicht geschlagene Eiweiß dazu, während die Maschine noch läuft. Die Chocolate Chips unterrühren und in eine verschließbare Lebenmittelsbox umfüllen.

5 Ohne Eismaschine füllen Sie die Masse in eine Form und warten, bis die Ränder zu Gefrieren beginnen. Das Eiweiß steif schlagen und unter weiterem Rühren löffelweise das Sorbet zum Eiweiß geben, bis die ganze Mischung dick und schaumig ist. Weiter Gefrieren lassen und schließlich die Chocolate Chips unterrühren. Zum Servieren das Sorbet 20 Minuten in den Kühlschrank stellen, damit es weicher wird. Mit Bisquitkeksen servieren.

Schokolade-Haselnuss-Parfait

Dieses halbgefrorene Dessert ist in ganz Italien beliebt. Das Parfait muß während dem Gefrieren nicht umgerührt werden und kann aus kleinen Förmchen gestürzt oder als Kugeln serviert werden.

Für: **6 Personen**

Vorbereitungszeit: 20 Minuten, plus Zeit zum Gefrieren

Garzeit: 5–10 Minuten

Temperatur: 160°C/Gas Stufe 1–2

125 g Haselnusskerne
125 g Schokolade mit sehr hohem Kakaoanteil, in Stücke gebrochen
600 ml Creme double
2 Eier, getrennt
175 g Puderzucker
ZUM GARNIEREN
Schokoladenraspel
Kakaopulver

1 Die Haselnüsse im vorgeheizten Backofen bei 160°C/Gas Stufe 1–2 etwa 5–10 Minuten rösten, bis sie goldbraun sind. Abkühlen lassen und fein mahlen.

2 Die Schokolade im Wasserbad schmelzen, dann die gemahlenen Nüsse untermischen. Die Eigelbe mit 2 EL Puderzucker schlagen, bis sie dick und cremig sind. Die Eiweiße in einer anderen Schüssel schlagen, bis sie steif werden. Dann den restlichen Zucker langsam unter Rühren zugeben, bis die Mischung dick und fest ist.

3 Die Schokolade in die Eigelbmischung rühren. Dann die Creme double dazugeben und schließlich den Eischnee unterheben. In einer Schüssel oder kleinen Förmchen etwa 12 Stunden gefrieren lassen.

4 Zum Servieren das Parfait 10 Minuten aus dem Gefrierschrank in den Kühlschrank stellen, damit es weicher wird. Mit Schokoladenraspeln und Kakaopulver bestreut servieren.

Schokoladensorbet

Ein Muß für jeden Schokoladen-Fan.

Ergibt: **etwa 900 ml**

Vorbereitungszeit: 15 Minuten, plus Zeit zum Gefrieren

Garzeit: 10 Minuten

600 ml Wasser
150 g weicher brauner Zucker
200 g weißer Haushaltszucker
65 g Kakaopulver
25 g Schokolade mit mindestens 70% Kakaoanteil, fein gehackt
2½ TL Vanille-Aroma
1 TL Instant Espressopulver

1 Wasser, die beiden Zuckersorten und das Kakaopulver in einem Topf verrühren und langsam erwärmen. Kurz aufkochen lassen und 7–8 Minuten bei geringer Hitze simmern und dabei ständig umrühren.

2 In die noch warme Zuckerlösung die Schokolade, das Vanille-Aroma und Espressopulver einrühren bis eine glatte Masse entstanden ist. Im Kühlschrank abkühlen lassen und in einer Eismaschine gefrieren. Sofort servieren oder in eine verschließbare Lebensmittelbox umfüllen und in der Tiefkühltruhe aufbewahren. Stellen Sie dann aber das Sorbet vor dem Servieren 20 Minuten in den Kühlschrank, damit es weicher wird.

Karamelisierte Panna Cotta mit Vanilleaprikosen

Für: **4 Personen**

Vorbereitungszeit: 30 Minuten, plus Zeit zum Abkühlen

Garzeit: 25–30 Minuten

600 ml Creme double
200 g Zucker
1 Vanillestange, aufgeschnitten
2 EL Wasser
4 EL Milch
1 EL gemahlene Gelatine oder
  7 g Blattgelatine
Vanilleaprikosen
8 reife Aprikosen
150 ml Wasser
75 g Zucker
1 Vanillestange, aufgeschnitten

1 Erwärmen Sie die Creme double, 125 g Zucker und die Vanillestange in einem Topf. Fast zum Kochen bringen und dabei umrühren. Abseits vom Herd 20 Minuten ziehen lassen.

2 Die restlichen 75 g Zucker mit dem Wasser in einem Topf schmelzen und solange kochen, bis der Sirup zu einem goldenen Karamel geworden ist. Dann den Karamel in 4 kleine 150 ml fassende Förmchen gießen und erstarren lassen.

3 Die Gelatine bei schwacher Hitze in der Milch auflösen.

4 Die aufgelöste Gelatine in die Sahne rühren. Zum Kochen bringen, die Vanilleschote entfernen und die Mischung in die Karamelformen gießen. Auskühlen und einige Stunden im Kühlschrank erstarren lassen.

5 Die Aprikosen halbieren, die Steine entfernen und jede Hälfte in 3 Stücke schneiden. Die Stücke zusammen mit dem Wasser, Zucker und der Vanillestange in einem kleinen Topf zum Kochen bringen und zugedeckt 5–8 Minuten köcheln lassen. Wenn die Aprikosen weich sind, die Vanille entfernen und die Aprikosenstücke im Kühlschrank ziehen lassen.

6 Die Panna Cotta vorsichtig aus den Formen lösen und auf Teller verteilen. Mit den Aprikosen umlegen und servieren.

Vanillebirnen in Vin Santo

Dieses Rezept ist vielleicht ein wenig extravagant, aber die Kombination von Birnen mit Vin Santo ist einfach zu köstlich.

Für: **6 Personen**

Vorbereitungszeit: 15 Minuten, plus Zeit zum Abkühlen

Garzeit: 35 Minuten

600 ml Vin Santo
1 Vanillestange, aufgeschnitten
6 feste aber reife Birnen
2 TL Stärkemehl
1 TL Vanille-Aroma
geröstete gehackte Haselnüsse, zum Dekorieren

1 Den Vin Santo mit der Vanillestange erwärmen. Die Birnen vorsichtig schälen, aber den Stiel daranlassen.

2 Die Birnen in den Topf mit Vin Santo setzen und damit begießen, damit sie sich nicht verfärben. Zugedeckt etwa 25 Minuten pochieren bis die Birnen weich sind und dabei gelegentlich vorsichtig wenden. Im Vin Santo auskühlen lassen.

3 Die Vanillestange entfernen, das Mark herauskratzen und beiseite stellen. Die Birnen aus dem Wein heben und auf Tellern verteilen.

4 Das Vanillemark zum Wein geben und die Flüssigkeit auf etwa 300 ml einkochen. Die Speisestärke mit wenig kaltem Wasser verrühren, in den Vin Santo rühren und die Sauce damit andicken. Zum Schluß das Vanille-Aroma dazu und die Sauce abkühlen lassen. Über die Birnen gießen und mit den gehackten Haselnüssen dekorieren.

VARIATION • Statt Haselnüsse können Sie auch Mandeln verwenden und statt Vin Santo auch Sherry.

Walnusskuchen mit Erdbeersauce

Dieser leichte saftige Bisquitkuchen schmeckt am besten mit frischen Walnüssen. Der Balsamicoessig gibt der Erdbeersauce erst den richtigen Kick.

Für: **6 Personen**

Vorbereitungszeit: 20 Minuten, plus Zeit zum Ruhen

Garzeit: 45–60 Minuten

Temperatur: 180°C/Gas Stufe 2–3

375 g Walnussstücke
4 Eier, getrennt
250 g Zucker
fein geriebene Schale einer unbehandelten
  Zitrone
Puderzucker, zum Dekorieren
ERDBEERSAUCE
500 g frische Erdbeeren
3 EL Wasser
2 EL Puderzucker
1 EL Balsamicoessig

1 Eine Springform mit ca. 23 cm Durchmesser einfetten und mit Mehl bestäuben.

2 Die Walnüsse in einem Mixer zerkleinern, bis sie fein gemahlen sind.

3 Die Eigelbe und den Zucker mit einem Rührgerät schlagen, bis sie dick und cremig sind. Die Nüsse und die Zitronenschale unterrühren. Die Eiweiße in einer anderen Schüssel steif schlagen, dann behutsam unter die Nussmasse heben. Den Teig in die vorbereitete Springform geben.

4 Den Kuchen im vorgeheizten Ofen bei 180°C/Gas Stufe 2–3 etwa 45–60 Minuten backen, bis er aufgeht und fest wird. Den Kuchen in der Form auskühlen lassen, dann herausnehmen und mit Puderzucker bestreuen.

5 Für die Sauce die Erdbeeren halbieren und mit dem Wasser und dem Zucker kurz andünsten. Dann im Mixer pürieren und den Balsamicoessig dazugeben. Um die Erdbeersamen zu entfernen können Sie die Sauce durch ein feines Sieb gießen. Zugedeckt in einer Schüssel im Kühlschrank aufbewahren, bis Sie die Sauce brauchen.

6 Den Kuchen in kleinen Stücken servieren und mit der Erdbeersauce begießen.

Panettone

Panettone ist ein klassisches Weihnachtsgebäck: Eine Mischung aus Kuchen und Brot mit Rosinen und kandierten Früchten. Am besten schmeckt Panettone mit einem Glas Dessertwein oder auch einer Tasse Tee.

PRODUKTINFO • Panettone kommt ursprünglich aus Mailand und ist durch seinen hohen Butteranteil gut haltbar. Es dauert zwar einige Zeit, bis der Teig aufgeht, aber das Ergebnis entschädigt dafür. Panettone wird normalerweise in horizontale Scheiben geschnitten und der Deckel wieder daraufgesetzt. Gut eingewickelt hält sich der Kuchen so bis zu 3 Wochen im Kühlschrank.

Ergibt: **1 großen Panettone**

Vorbereitungszeit: 25 Minuten, plus Zeit zum Aufgehen

Garzeit: 55 Minuten

Temperatur: 200°C/Gas Stufe 3–4

1 EL Trockenhefe
150 ml warme Milch
ca. 500 g Mehl
2 TL Salz
1 Ei
4 Eigelb
75 g Zucker
fein geriebene Schale von je einer
 unbehandelten Zitrone und Orange
175 g weiche Butter
125 g Rosinen
50 g gehacktes Zitronat und Orangeat

1 Eine tiefe Kuchenform mit so mit Backpapier auslegen, dass noch etwa 15 cm Papier über den Rand hinausstehen. Auch den Boden mit Backpapier auslegen.

2 Die Hefe in 4 EL der warmen Milch auflösen. Zugedeckt 10 Minuten stehen lassen, bis die Hefe schaumig wird. Rühren Sie 125 g Mehl und die restliche warme Milch darunter und lassen Sie die Masse 30 Minuten aufgehen.

3 Das restliche Mehl über die Hefemischung sieben. Ei und Eigelbe, Salz, Zucker und die geriebenen Zitrusschalen dazugeben und zu einem elastischen Teig kneten. Wenn nötig etwas mehr Mehl in den Teig kneten, der Teig sollte aber weich bleiben.

4 Die weiche Butter unter den Teig kneten und zugedeckt 2–4 Stunden aufgehen lassen, bis sich das Volumen verdoppelt hat. Anschließend die Rosinen, Zitronat und Orangeat in den Teig kneten und in die vorbereitete Kuchenform füllen.

5 Mit einem scharfen Messer ein Kreuz in die Oberseite des Kuchens schneiden und nochmals aufgehen lassen. Im vorgeheizten Backofen bei 200°C/Gas Stufe 3–4 15 Minuten backen. Dann die Hitze auf 180°C/Gas Stufe 2–3 reduzieren und weitere 40 Minuten backen, bis der Panettone schön aufgegangen und goldbraun ist. In der Form 10 Minuten auskühlen lassen, dann auf ein Kuchengitter stellen bis er ganz erkaltet ist.

Variation:
Mini Panettone

1 6 kleine gereinigte Weißblechdosen mit Backpapier auslegen und dabei das Papier über den Rand stehen lassen.

2 Den Teig wie im vorherigen Rezept herstellen, in 6 Stücke teilen und in die Dosen füllen. Zugedeckt 1–2 Stunden aufgehen lassen.

3 Im vorgeheizten Ofen bei 200°C/Gas Stufe 3–4 15 Minuten, dann bei 180°C/Gas Stufe 2–3 nochmals 20 Minuten backen. Die Kuchen wie beschrieben auskühlen lassen, aber anschließend wieder in die Dosen als Geschenkverpackung geben.

Biscotti mit Pistazien und Pinienkernen

Diese leichten, knusprigen Kekse mit einem Hauch Zitrone runden jedes italienische Mahl ab.

Ergibt: **etwa 50 Stück**

Vorbereitungszeit: 20 Minuten

Garzeit: 50–60 Minuten

Temperatur: 160°C/Gas Stufe 1–2

175 g Pistazienkerne
2 EL Pinienkerne
125 g Butter
200 g Zucker
2 Eier, verrührt
fein geriebene Schale einer unbehandelten Zitrone
1 EL Amaretto
375 g Mehl
1 ½ TL Backpulver
½ TL Salz
75 g grober Maisgrieß

1 Die Pistazien und Pinienkerne im vorgeheizten Backofen bei 160°C/Gas Stufe 1–2 5–10 Minuten rösten. Die Nüsse auskühlen lassen aber den Ofen warm halten.

2 Butter und Zucker in einer Schüssel verrühren, dann die Eier, Zitronenschale und Amaretto untermischen. Mehl, Salz und Backpulver in andere Schüssel sieben, dann die Buttermischung, den Maisgrieß und die Nüsse einrühren.

3 Den Teig auf einer bemehlten Arbeitsfläche gut durchkneten, bis er glatt ist.

4 Dann den Teig vierteln und jedes Stück zu einer 5 cm langen und 1,5 cm dicken Wurst rollen und ein wenig flachdrücken. Die Biscotti auf zwei eingefettete Backbleche legen und ungefähr 35 Minuten backen, bis sie leicht goldbraun sind.

5 Kurz abkühlen lassen und diagonal in 1 cm dicke Stücke schneiden. Mit der Schnittfläche nach unten auf die Backbleche legen und weitere 10–15 Minuten backen, bis die Biscotti knusprig sind. Achten Sie darauf, dass die Kekse nicht verbrennen, sonst schmecken sie bitter. Auf einem Kuchengitter auskühlen lassen.

Register

A

Aceto Balsamico, siehe
Balsamicoessig
Antipasti 35–61
Aprikosen
Karamelisierte Panna Cotta mit
Vanilleaprikosen 242
Artischocken
Eingelegte Paprika mit
Artischocken und Sardellen
40
Geschmorte Artischocken mit
Erbsen und Minze 202
Pizza mit Tomaten, Arti-
schocken, Schinken und
Knoblauch 230
Auberginen
Caponata 204
Geschmorter Wolfsbarsch mit
Fenchel und Oliven 130
Springende Tintenfische süß-
sauer mit Auberginen 156
Tomaten und Auberginen
Parmigiana 198

B

Bacon
siehe Pancetta
Balsamicoessig
Gegrillte Balsamicofeigen mit
Schinken 38
Produktinfo 142
Thunfischsteaks mit Balsamico
und Basilikumöl 142
Walnusskuchen mit Erdbeer-
sauce 246
Basilikum
Thunfischsteaks mit Balsamico
und Basilikumöl 142
Birnen
Crostini mit Saubohnen, Birne
und Pecorino 54
Vanillebirnen in Vin Santo 244
Biscotti mit Pistazien und Pinien-
kernen 250
Bocconcini (Baby Mozzarella)
Tomaten-Bocconcini-Bruschetta
58

Bohnen 225
Crostini mit Saubohnen, Birne
und Pecorino 54
Toskanische Bohnen-Gemüse-
suppe 24
Weiße-Bohnen-Suppe mit
geröstetem Knoblauch und
Chiliöl 16
Brote 12, 209–223
Crostini mit Saubohnen, Birne
und Pecorino 54
Crostini mit schwarzen Oliven,
Pinienkernen, Kapern und
Thunfisch 52
Focaccia 210
Focaccia mit Oliven und
getrocknetenTomaten 212
Focaccia mit Salbei, Zwiebeln
und Rosinen 214
Gegrillte Tomaten auf Bruschetta
56
Hafer-Focaccia 216
Schiacciata 218
Steinpilzbruschetta mit Trüffelöl
60
Tomaten-Bocconcini-Bruschetta
58
Toskanische Hühnerleber-
Crostini 48
Brühen 8–9
Bruschetta
Gegrillte Tomaten auf Bruschetta
56
Steinpilzbruschetta mit Trüffelöl
60
Tomaten-Bocconcini-Bruschetta
58
Burger
Thunfischburger 162

C

Caponata 204
Carpaccio von frischem Thunfisch
44
Chilies
Muscheln alla Marinara 158
Risotto mit Kürbis, Salbei und
Chili 66
Spaghetti mit Knoblauch, Öl und
Chili 96

Springende Tintenfische süß-
sauer mit Auberginen 156
Zitronen-Chili-Huhn 184
Crostini
Crostini mit Saubohnen, Birne
und Pecorino 54
Crostini mit schwarzen Oliven,
Pinienkernen, Kapern und
Thunfisch 52
Toskanische Hühnerleber-
Crostini 48

D

Desserts 235–247

E

Eiernudeln 98–99
Eis
Geeiste Tomaten-Paprika-Suppe
mit Salsa verde 32
Schokolade-Haselnuss-Parfait
238
Erbsen
Geschmorte Artischocken mit
Erbsen und Minze 202
Erdbeeren
Walnusskuchen mit Erdbeer-
sauce 246
Essig 224
siehe auch Balsamicoessig

F

Feigen
Gegrillte Balsamicofeigen mit
Schinken 38
Fenchel
Geschmorter Wolfsbarsch mit
Fenchel und Oliven 132
Fenchel-Zitronen-Suppe mit
Oliven-Gremolata 24
Fenchelsamen
Produktinfo 182
Salsicce-Sugo 182
Feta
Gegrillte Tomaten auf Bruschetta
56

Produktinfo 56
Fettuccine mit Gorgonzolasauce
102
Filetsteaks
Würzige Filetsteaks 170
Fisch und Meeresfrüchte 127–162
Fischbrühe 9
Forelle blau 134
Ganzer Fisch in der Salzkruste
128
Gegrillte Schwertfischröllchen
144
Gegrillter Schwertfisch mit
gerösteten Mandeln und
Petersilienpesto 148
Gemischte frittierte Meeres-
früchte 160
Geschmorter Wolfsbarsch mit
Fenchel und Oliven 132
Meeresfrüchterisotto mit Safran
72
Muscheln alla Marinara 158
Muschel-Zucchini-Suppe 30
Rotbarben mit Minzsauce 140
Rotbarben mit Orangen 138
Salmoriglio Sauce zu gegrilltem
Fisch 152
Sardinenröllchen 150
Seeteufel in Salsa d'Agrumi
146
Seeteufel mit Knoblauch gespickt
130
Sizilianische Fischsuppe 28
Spaghetti mit Hummersauce
154
Springende Tintenfische süß-
sauer mit Auberginen 156
Thunfischburger162
Thunfischsteaks mit Balsamico
und Basilikumöl 142
Fleisch, Geflügel und Wild
165–189
Fleischbällchen
Italienische Fleischbällchen
178
Focaccia 210
Focaccia mit Oliven und
getrockneten Tomaten 212
Focaccia mit Salbei, Zwiebeln
und Rosinen 214
Hafer-Focaccia 216
Forelle

Forelle blau 134
Frische Eiernudeln 98–99

Garnelen
Gemischte frittierte Meeres-
früchte 160
Meeresfrüchterisotto mit Safran
72
Sizilianische Fischsuppe 28
Gebackene Polenta 120
Geflügel, Fleisch und Wild 165–189
Gegrillter Spargel mit gebratenen
Eiern und Parmesan 46
Gemüse 191–207
Toskanische Bohnen-Gemüse-
Suppe 26
Gemüsebrühe 9
Gewürze 225
Gnocchi 111–119
Frittierte Gnocchi mit Salsarossa
118
Gebackene Gnocchi mit Pan-
cetta, Parmesan und Salbei 116
Gnocchi mit Butter, Parmesan
und Salbei 112
Produktinfo 116
Spinatgnocchi mit Zitronenbutter
114
Gorgonzola
Fettuccine mit Gorgonzolasauce
102
Produktinfo 102
Grieß
Frittierte Gnocchi mit Salsa rossa
118
Gebackene Gnocchi mit Pan-
cetta, Parmesan und Salbei 116
Grissini 222

Hafer-Focaccia 216
Hase
Pappardelle mit Hasensauce 92
Haselnüsse
Schokolade-Haselnuss-Parfait
238
Huhn, siehe auch Leber

Hühnerbrühe 8
Unter einem Ziegelstein
gebratenes Huhn 186
Zitronen-Chili-Huhn 184

Italienische Fleischbällchen 178
Italienische Kochutensilien 11
Italienische Zutaten 12–13,
224–225

Kalb
Kalbsschnitzel mit Zitrone 172
Saltimbocca 174
Kandierte Früchte
Panettone 248
Kaninchen auf Jägerart 188
Kapern 224–225
Crostini mit schwarzen Oliven,
Pinienkernen, Kapern und
Thunfisch 52
Focaccia mit Oliven und
getrockneten Tomaten 212
Produktinfo 44
Sardinenröllchen 150
Zucchini und Karotten süß-sauer
200
Karamelisierte Panna Cotta mit
Vanilleaprikosen 242
Karotten
Zucchini und Karotten süß-sauer
200
Kartoffeln
Bratkartoffeln mit Knoblauch und
Zitrone 194
Gefüllte Pizza mit Kartoffeln,
Salsicce und Ricotta 228
Gnocchi mit Butter, Parmesan
und Salbei 12
Kartoffelpüree mit Olivenöl,
Pinienkernen und Parmesan
196
Käse 13
Crostini mit Saubohnen, Birne
und Pecorino 54
Fettuccine mit Gorgonzolasauce
102

Gebackene Gnocchi mit
Pancetta, Parmesan und
Salbei 116
Gebackener Ricotta mit Lorbeer-
blättern 42
Gefüllte Pizza mit Kartoffel,
Salsicce und Ricotta 228
Gefüllte Reisbällchen 80
Gegrillte Schwertfischröllchen
144
Gegrillter Spargel mit Eiern und
Parmesan 46
Kartoffelpüree mit Olivenöl,
Pinienkernen und Parmesan
196
Kutschernudeln 94
Parmesan-Butter-Risotto 64
Produktinfo 18, 42, 56, 102, 144
Spinat-Ricotta-Gnocchi in
Zitronenbutter 114
Spinat-Ricotta-Ravioli 106
Tomaten und Auberginen
Parmigiana 198
Tomaten-Bocconcini-Bruschetta
58
Weiße Pizza mit Zwiebeln und
Mozzarella 226
Kekse
Biscotti mit Pistazien und
Pinienkernen 250
Produktinfo 250
Taralli 220
Klassische italienische Zutaten für
den Vorratsschrank 224–225
Knoblauch 12
Bratkartoffeln mit Knoblauch und
Zitrone 194
Gebratene Schweinelende mit
Rosmarin und Knoblauch 166
Knoblauchzehen in Olivenöl
geschmort 192
Kürbis-Knoblauch-Suppe 20
Kutschernudeln 94
Pasta Arrabiata mit Knoblauch-
bröseln 104
Pesto Trapanese 90
Risotto mit geröstetem Knob-
lauch und Lauch 74
Seeteufel mit Knoblauch gespickt
130
Spaghetti mit Knoblauch, Öl und
Chili 96

Weiche Polenta mit Rosmarin
und Knoblauch 124
Weiße-Bohnen-Suppe mit
geröstetem Knoblauch und
Chiliöl 16
Zitronen-Chili-Huhn 184
Korinthen
Sardinenröllchen 150
Kräuter 12
Kräuternudeln 199
Kräuteröle 51
Kräuterravioli mit Pilzen 108
Kuchen
Panettone 248
Walnusskuchen mit
Erdbeersauce 246
Kürbis
Kürbis-Knoblauch-Suppe 20
Produktinfo 20
Risotto mit Kürbis, Salbei und
Chili 66
Kutschernudeln 94

Lamm
Lammkeule in Wein und
Wacholder 176
Lauch
Risotto mit geröstetem Knob-
lauch und Lauch 74
Suppe aus gerösteten Paprika
mit Pfeffercreme 18
Leber
Toskanische Hühnerleber-
Crostini 48
Lorbeerblätter
Gebackener Ricotta mit Lorbeer-
blättern 42

Mandeln
Gegrillter Schwertfisch mit
gerösteten Mandeln und
Petersilienpesto 148
Pesto Trapanese 90
Maronensuppe 22
Mascarpone
Produktinfo 18

Register **253**

Meeresfrüchte und Fisch 127–162
    Fischbrühe 9
    Forelle blau 134
    Ganzer Fisch in der Salzkruste 128
    Gegrillte Schwertfischröllchen 144
    Gegrillter Schwertfisch mit gerösteten Mandeln und Petersilienpesto 148
    Gemischte frittierte Meeresfrüchte 160
    Geschmorter Wolfsbarsch mit Fenchel und Oliven 132
    Meeresfrüchterisotto mit Safran 72
    Muscheln alla Marinara 158
    Muschel-Zucchini-Suppe 30
    Rotbarben mit Minzsauce 140
    Rotbarben mit Orangen 138
    Salmoriglio Sauce zu gegrilltem Fisch 152
    Sardinenröllchen 150
    Seeteufel in Salsa d'Agrumi 146
    Seeteufel mit Knoblauch gespickt 130
    Sizilianische Fischsuppe 28
    Spaghetti mit Hummersauce 154
    Springende Tintenfische süßsauer mit Auberginen 156
    Thunfischburger 162
    Thunfischsteaks mit Balsamico und Basilikumöl 142
Mehl 224
Minze
    Geschmorte Artischocken mit Erbsen und Minze 202
    Rotbarben mit Minzsauce 140
Mortadella 12
Mozzarella 13
    Gegrillte Schwertfischröllchen 144
    Produktinfo 144
    Tomaten-Bocconcini-Bruschetta 58
    Weiße Pizza mit Zwiebeln und Mozzarella 226
Muscheln
    Gemischte frittierte Meeresfrüchte 160

Meeresfrüchte-Risotto mit Safran 72
Muscheln alla Marinara 158
Muschel-Zucchini-Suppe 30
Sizilianische Fischsuppe 28

N
udeln 83–108, 224
    Fettuccine mit Gorgonzolasauce 102
    Frische Eiernudeln 89–99
    Kräuternudeln 99
    Kräuter-Ravioli mit Pilzen 108
    Kutschernudeln 94
    Pappardelle mit Hasensaue 92
    Pasta Arrabiata mit Knoblauchbröseln 104
    Pasta mit Spinat und Sardellen 100
    Penne in Walnusssauce 86
    Pesto Trapanese 99
    Rote-Beete-Nudeln 99
    Safrannudeln 99
    Schwarze Nudeln 99
    Spaghetti mit Hummersauce 154
    Spaghetti mit Knoblauch, Öl und Chili 96
    Spinatnudeln 99
    Spinat-Ricotta-Ravioli 106
    Tagliatelle mit Rucola und Cocktailtomaten 88
    Tomatennudeln 99

O
ele 50–51
Olivenöl 50–51, 224
Oliven 224
    Caponata 204
    Crostini mit schwarzen Oliven, Pinienkernen, Kapern und Thunfisch 52
    Fenchel-Zitronen-Suppe mit Oliven-Gremolata 24
    Focaccia mit Oliven und getrockneten Tomaten 212
    Geschmorter Wolfsbarsch mit Fenchel und Oliven 132

Olivenöl 50–51, 224
    Kartoffelpüree mit Olivenöl, Pinienkernen und Parmesan 196
    Knoblauchzehen in Olivenöl geschmort 192
Orangen
    Rotbarben mit Orangen 138
    Seeteufel in Salsa d'Agrumi 146
Oregano
    Produktinfo 152
    Salmoriglio Sauce zu gegrilltem Fisch 152

P
ancetta
    Cremiges Radicchio-Risotto 78
    Gebackene Gnocchi mit Pancetta, Parmesan und Salbei 116
    Maronensuppe 22
    Pappardelle mit Hasensauce 92
    Pasta Arrabiata mit Knoblauchbröseln 102
    Produktinfo 70
    Rotweinrisotto 70
Panettone 12, 248
    Produktinfo 248
Panna Cotta
    Karamelisierte Panna Cotta mit Vanilleaprikosen 242
Pappardelle mit Hasensauce 92
Paprika
    Eingelegte Paprika mit Artischocken und Sardellen 40
    Geeiste Tomaten-Paprika-Suppe mit Salsa verde 32
    Peperonata 206
    Seeteufel mit Knoblauch gespickt 130
    Suppe aus gerösteten Paprika mit Pfeffercreme 18
Parmesan 13
    Gebackene Gnocchi mit Pancetta, Parmesan und Salbei 116
    Gegrillter Spargel mit gebratenen Eiern und Parmesan 46

    Kartoffelpüree mit Olivenöl, Pinienkernen und Parmesan 196
    Parmesan-Butter-Risotto 64
    Tomaten Auberginen Parmigiana 198
Pecorino 13
    Crostini mit Saubohnen, Birne und Pecorino 54
Penne mit Walnusssauce 86
Peperonata 206
Pesto
    Produktinfo 148
    Gegrillter Schwertfisch mit gerösteten Mandeln und Petersilienpesto 148
    Pesto Trapanese 90
Petersilie
    Gegrillter Schwertfisch mit gerösteten Mandeln und Petersilienpesto 148
Pilze
    Getrocknete Pilze 225
    Kräuterravioli mit Pilzen 108
    Steinpilzbruschetta mit Trüffelöl 60
    Waldpilzrisotto 68
Pinienkerne 225
    Biscotti mit Pistazien und Pinienkernen 250
    Crostini mit schwarzen Oliven, Pinienkernen, Kapern und Thunfisch 52
    Sardinenröllchen 150
Pizza 226–233
    Gefüllte Pizza mit Kartoffel, Salsicce und Ricotta 228
Pizzateig 10
    Pizza mit Tomaten, Artischocken, Schinken und Knoblauch 230
    Weiße Pizza mit Zwiebeln und Mozzarella 226
Pizzette mit Tomatensauce 232
Polenta 120–125
    Gebackene Polenta 120
    Polenta-Chips 122
    Produktinfo 120
    Weiche Polenta mit Rosmarin und Knoblauch 124
Prosciutto
    Gegrillte Balsamicofeigen mit Schinken 38

Grissini 222
Pizza mit Tomaten, Artischocken,
Schinken und Knoblauch 230
Produktinfo 222

R adicchio 12
Cremiges Radicchio-Risotto 78
Produktinfo 78
Ravioli
Kräuterravioli mit Pilzen 108
Spinat-Ricotta-Ravioli 106
Regionale Küche 180–181
Reis 224
Gefüllte Reisbällchen 80
siehe auch Risotto
Ricotta
Gebackener Ricotta mit Lorbeer-
blättern 42
Gefüllte Pizza mit Kartoffel,
Salsicce und Ricotta 228
Gegrillte Tomaten auf Bruschetta
56
Produktinfo 42
Spinat-Ricotta-Gnocchi in
Zitronenbutter 114
Spinat-Ricotta-Ravioli 106
Rind
Geschmortes Rindfleisch in
Barolo 168
Italienische Fleischbällchen 178
Rinderbrühe 8
Würzige Filetsteaks 170
Risotto 63–79
Cremiges Radicchio-Risotto 78
Meeresfrüchterisotto mit Safran
72
Parmesan-Butter-Risotto 64
Risotto mit geröstetem Knob-
lauch und Lauch 74
Risotto mit Kürbis, Salbei und
Chili 66
Rotweinrisotto 70
Waldpilzrisotto 68
Zitronen-Thymian-Risotto mit
Wodka 76
Rosinen
Focaccia mit Salbei, Zwiebeln
und Rosinen 214
Panettone 248

Rosmarin
Gebratene Schweinelende mit
Rosmarin und Knoblauch 166
Knoblauchzehen in Olivenöl
geschmort 192
Produktinfo 124
Weiche Polenta mit Rosmarin
und Knoblauch 124
Rotbarben
Rotbarben mit Minzsauce 140
Rotbarben mit Orangen 138
Rote-Beete-Nudeln 99
Rotweinrisotto 70
Rucola 12
Carpaccio von frischem Thun-
fisch 44
Tagliatelle mit Rucola und
Cocktailtomaten 88

S afran
Produktinfo 64
Meeresfrüchterisotto mit Safran
72
Parmesan-Butter-Risotto 64
Safrannudeln 99
Sahne
Karamelisierte Panna Cotta mit
Vanilleaprikosen 242
Salami 13
Gefüllte Reisbällchen 80
Salbei
Focaccia mit Salbei, Zwiebeln
und Rosinen 214
Frittierte Salbeiblätter 36
Gebackene Gnocchi mit Pan-
cetta, Parmesan und Salbei 116
Risotto mit Kürbis, Salbei und
Chili 66
Saltimbocca 174
Salmoriglio Sauce für gegrillten
Fisch 152
Salsa d'Agrumi
Seeteufel in Salsa d'Agrumi 146
Salsa rossa
Frittierte Gnocchi mit Salsa rossa
118
Salsa verde
Geeiste Tomaten-Paprika-Suppe
mit Salsa verde 32

Salsicce
Gefüllte Pizza mit Kartoffel,
Salsicce und Ricotta 228
Salsicce-Sugo 182
Salzkruste
Ganzer Fisch in der Salzkruste
128
Sardellen 224
Eingelegte Paprika mit Arti-
schocken und Sardellen 40
Pasta mit Spinat und Sardellen
100
Sardinenröllchen 150
Saubohnen
Crostini mit Saubohnen, Birne
und Pecorino 54
Produktinfo 54
Saucen
Basis-Tomaten-Sauce 84
Salmoriglio Sauce für gegrillten
Fisch 152
Spaghetti mit Hummersauce 154
Schiacciata 218
Schinken 12
siehe auch Prosciutto
Schokolade
Schokolade-Haselnuss-Parfait
238
Schokoladensorbet 240
Wassermelonensorbet 236
Schwarze Nudeln 99
Schwein
Gebratene Schweinelende mit
Rosmarin und Knoblauch 166
Schwertfisch
Gegrillte Schwertfischröllchen
144
Gegrillter Schwertfisch mit
gerösteten Mandeln und
Petersilienpesto 148
Seeteufel
Seeteufel in Salsa d'Agrumi 146
Seeteufel mit Knoblauch gespickt
130
Seezunge
Gemischte frittierte
Meeresfrüchte 160
Sizilianische Fischsuppe 28
Sorbets
Schokoladensorbet 240
Wassermelonensorbet 236
Spaghetti

Kutschernudeln 94
Spaghetti mit Hummersauce 154
Spaghetti mit Knoblauch, Öl und
Chili 96
Spaghettini
Produktinfo 96
Spargel
Gegrillter Spargel mit gebratenen
Eiern und Parmesan 46
Speck
siehe Pancetta
Spinat
Pasta mit Spinat und Sardellen
100
Spinatnudeln 99
Spinat-Ricotta-Gnocchi in
Zitronenbutter 114
Spinat-Ricotta-Ravioli 106
Springende Tintenfische süß-sauer
mit Auberginen 156
Sprotten
Gemischte frittierte
Meeresfrüchte 160
Steinpilze
Steinpilzbruschetta mit Trüffelöl
60
Suppen 15–33
Fenchel-Zitronen-Suppe mit
Oliven-Gremolata 24
Geeiste Tomaten-Paprika-Suppe
mit Salsa verde 32
Kürbis-Knoblauch-Suppe 20
Maronensuppe 22
Muschel-Zucchini-Suppe 30
Sizilianische Fischsuppe 28
Suppe aus gerösteten Paprika
mit Pfeffercreme 18
Toskanische Bohnen-Gemüse-
suppe 26
Weiße-Bohnen-Suppe mit
geröstetem Knoblauch und
Chiliöl 16

T agliatelle mit Rucola und
Cocktailtomaten 88
Taralli 220
Teig
Pizzateig 10
Thunfisch

Register **255**

Carpaccio von frischem Thun-
fisch 44
Crostini mit schwarzen Oliven,
Pinienkernen, Kapern und
Thunfisch 52
Thunfischburger 162
Thunfischsteaks mit Balsamico
und Basilikumöl 142
Thymian
Knoblauchzehen in Olivenöl
geschmort 192
Produktinfo 76
Zitronen-Thymian-Risotto mit
Wodka 76
Tintenfisch
Gemischte frittierte Meeres-
früchte 106
Meeresfrüchterisotto mit Safran
72
Sizilianische Fischsuppe 28
Springende Tintenfische süß-
sauer mit Auberginen 156
Tomaten 12
Basis-Tomaten-Sauce 84
Caponata 204
Focaccia mit Oliven und
getrockneten Tomaten 212
Frittierte Gnocchi mit Salsa rossa
118
Geeiste Tomaten-Paprika-Suppe
mit Salsa verde 32
Gegrillte Tomaten auf Bruschetta
56
Getrocknete Tomaten 225
Italienische Fleischbällchen 178
Kutschernudeln 94
Muscheln alla Marinara 158
Pasta Arrabiata mit
Knoblauchbröseln 104
Peperonata 206
Pesto Trapanese 90
Pizza mit Tomaten, Artischocken,
Schinken und Knoblauch
230
Pizzette mit Tomatensauce
232
Produktinfo 84
Püree 225
Salsicce-Sugo 182
Sizilianische Fischsuppe 28
Tagliatelle mit Rucola und
Cocktailtomaten 88

Tomaten und Auberginen
Parmigiana 198
Tomaten-Bocconcini-Bruschetta
58
Toskanische Bohnen-Gemüse-
Suppe 26
Toskanische Hühnerleber-Crostini
48
Trüffel 225
Trüffelöl
Produktinfo 60
Steinpilzbruschetta mit Trüffelöl
60

V
anille
Karamelisierte Panna Cotta mit
Vanilleaprikosen 242
Produktinfo 242
Vanillebirnen in Vin Santo 244
Vin Santo
Vanillebirnen in Vin Santo 244

W
acholder
Lammkeule in Wein und
Wacholder 176
Waldpilzrisotto 68
Walnüsse
Penne mit Walnusssauce 86
Walnusskuchen mit Erdbeer-
sauce 246
Wassermelonensorbet 236
Wein 136–137
Geschmortes Rindfleisch in
Barolo 168
Kaninchen auf Jägerart 188
Lammkeule in Wein und
Wacholder 176
Rotweinrisotto 70
Vanillebirnen in Vin Santo 244
Weiße Pizza mit Zwiebeln und
Mozzarella 226
Weiße-Bohnen-Suppe mit
Geröstetem Knoblauch und
Chiliöl 16
Wild, Fleisch und Geflügel 165–189
Wodka

Zitronen-Thymian-Risotto mit
Wodka 76
Wolfsbarsch
Geschmorter Wolfsbarsch mit
Fenchel und Oliven 132
Wurst
Gefüllte Pizza mit Kartoffel,
Salsicce und Ricotta 228
Salsicce-Sugo 182
Würzige Filetsteaks 170

Z
itrone
Bratkartoffeln mit Knoblauch und
Zitrone 194
Fenchel-Zitronen-Suppe mit
Oliven-Gremolata 24

Kalbsschnitzel in Zitrone 172
Seeteufel in Salsa d'Agrumi 146
Spinat-Ricotta-Gnocchi in
Zitronenbutter 114
Zitronen-Chili-Huhn 184
Zitronen-Thymian-Risotto mit
Wodka 76
Zucchini und Karotten süß-sauer 20
Zucchini
Muschel-Zucchini-Suppe 30
Zucchini und Karotten süß-sauer
200
Zwiebeln
Focaccia mit Salbei, Zwiebeln
und Rosinen 214
Gefüllte Pizza mit Kartoffel,
Salsicce und Ricotta 228
Weiße Pizza mit Zwiebeln und
Mozzarella 226